熬通宵也要读完的

大唐史

覃仕勇 著

台海出版社

图书在版编目（CIP）数据

熬通宵也要读完的大唐史 / 覃仕勇著. —北京：
台海出版社，2019. 8（2020. 5重印）

ISBN 978-7-5168-2404-7

Ⅰ. ①熬… Ⅱ. ①覃… Ⅲ. ①中国历史—唐代—通俗
读物 Ⅳ. ①K242.09

中国版本图书馆CIP数据核字（2019）第139048号

熬通宵也要读完的大唐史

著　　者：覃仕勇

责任编辑：员晓博　　　　　　装帧设计：仙　境
版式设计：马宇飞　　　　　　责任印制：蔡　旭

出版发行：台海出版社
地　　址：北京市东城区景山东街20号　　邮政编码：100009
电　　话：010-64041652（发行，邮购）
传　　真：010-84045799（总编室）
网　　址：www.taimeng.org.cn/thcbs/default.htm
E-mail：thcbs@126.com

经　　销：全国各地新华书店
印　　刷：三河市嵩川印刷有限公司
本书如有破损、缺页、装订错误，请与本社联系调换

开　　本：710mm×1000mm　　　1/16
字　　数：212千字　　　　　　印　张：14.5
版　　次：2019年8月第1版　　　印　次：2020年5月第2次印刷
书　　号：ISBN 978-7-5168-2404-7

定　　价：48.00元

前　言

　　唐朝被公认为中国最强盛的大一统王朝之一。

　　其除了国力强盛、版图辽阔之外，更是国祚绵长。从公元 618 年至公元 907 年，唐朝共历 21 帝，享国 289 年。

　　相较于从公元 1368 至公元 1644 年，享国 276 年的明朝；从公元 1644 年至公元 1911 年，享国 267 年的清朝；从公元前 202 到公元前 8 年，享国 194 年的西汉；从公元 25 年至公元 220 年，享国 195 年的东汉；从公元 960 年至公元 1127 年，享国 167 年的北宋；从公元 1127 至公元 1279 年，享受国 152 年的南宋，唐朝无疑是最长寿的朝代。

　　不过，从严格意义来说，与王莽篡位 15 年，把大汉王朝分隔成前、后两汉（即西汉和东汉）相似，唐朝也发生了武则天篡位 15 年的现象，即大唐王朝也被分隔成了前、后两唐。

但是，详加比较，武则天篡位和王莽篡位却有着本质上的区别。

武则天最初废掉了中宗李显，最后又重立李显为太子，这个现象被称之为"重祚"，即原本已退位或被篡位的君主，再次即位，原则上仍是"国祚"不变；而且武则天虽然一度改国号为周，但她并没有废除李唐王室的太庙，而且国都还是原来的国都，朝臣还是原来的朝臣，政治、经济和文化制度并没有太大的改变，武则天本人也算是李唐家族内部的人，性质其实和明朝"靖难之役""夺门之变"是一样的，所以，史家大多认为武则天的篡位行为只是一次廷争。即唐朝国祚289年里面，就包含武周朝的15年时间。

唐朝也因此成为中国古代历史上实行郡县制国祚时间最长的大王朝。

在这漫长的时间轴上，相继出现了贞观之治、永徽之治、武周代唐、神龙革命、开元盛世、安史之乱、元和中兴、会昌中兴、大中之治等一系列波澜壮阔的历史，想要在薄薄的一本书里把它们全都交待入微，那是不可能完成的任务。

于是，在写《熬通宵也要读完的大唐史》这本书时，我只好另辟蹊径，以事写人，以人串史，着重写一系列唐代名人，如写隋末窦建德、王世充、萧铣、林士弘等枭雄的盛衰兴亡，写历史迷雾缭绕的玄武门事变，写李靖、苏定方、薛仁贵、王玄策等人扬威域外，写文成公主入藏，写万国来朝，写武则天乱政，写李白醉酒，写颜真卿赴难，写郭子仪中兴唐室，写唐懿宗嫁女，写黄巢反唐，写朱温篡唐……把一幕幕或宏大、或悲壮、或催人泪下、或让人忍俊不禁、或令人摇头叹息，或教人回肠荡气、慷慨激昂的大唐画卷呈现在大家眼前。

目 录

第一章　隋末枭雄

 隋炀帝是昏君还是明君？

论及中国历史上的暴君、昏君，大家最为熟知的就是商纣王、隋炀帝。

商纣王生活的年代太过久远，且不去论他。

对于隋炀帝，其人恶行累累、劣迹斑斑，本来已经是历史上定了性的恶人了，但有些人为了吸引眼球，居然向公众的认知力发出挑战，指鹿为马，强行给隋炀帝洗白，把他吹捧为雄才大略的不世伟人。说他所做的一切罪在当代，却利在千秋，还说后来的唐朝能发展为盛世，完全是建立在隋炀帝文治武功的基础上，甚至拿唐太宗李世民与之相比，横向比、竖向比，以证明隋炀帝并不比李世民差，所欠缺的不过是运气而已。

还有人说隋炀帝的"荒淫"之名纯属后人栽赃，真正的隋炀帝执着于做大事，不好女色，等等。说什么"隋炀帝虽然无德，但是有功。只是他的功业，没有和百姓的幸福感统一起来"，"隋炀帝是个绝对的个人英雄主义者，这种个人英雄主义，表现在他对自身建功立业的狂热追求上。事实上，正是因为隋炀帝盲目追求前无古人后无来者的英雄业绩，忽略了老百姓的承受能力，忽略了人民的幸福感，才会有滥用民力的行为，才会有最终的失败"。

说什么"罪在当代，利在千秋"，又说什么"追求前无古人后无来者的英雄业绩"。

说来说去，不过是拿京杭大运河说事罢了。

其实，现在还在使用的是元朝的京杭大运河，并非隋朝的大运河。

说起来，隋朝的京杭大运河也并非开凿于隋炀帝朝，而是开凿于公元前486年，当时，春秋吴国为伐齐国而动工开凿，距今已有两千五百多年的历史。秦始皇是奠定运河走向的人。《越绝书》记，其从嘉兴"治陵水道，到钱塘越地，通浙江"。

隋炀帝修大运河，是依仗北周、南陈留下的丰厚人力国力，遵循由春秋到南北朝众多王朝修的运河河道而进行的。其修建大运河的时间是大业元年（公元605年）至大业六年（公元610年）。六年时间内，先后调发河南、淮北、淮南、河北、江南诸郡的农民和士兵三百多万人，兴师动众、劳民伤财。

这样的大工程投入量大、产出量少。黄、淮多沙易淤，河道多变易塞，河道湮塞程度"几与岸平。车马皆由其中，亦有作屋其上"。为此，唐、后周、北宋不得不经常疏浚，整修。

可以说，大运河是世界上"故障率"最高、通航效率最低、副作用最大的运河之一。有人统计，自隋修建大运河后的一千四百年间，真正能从杭州（余杭）全程通航到北京（大都、涿郡）的时间总共不过几十年，80%以上河段能够贯通的时间也不过两三百年，其余时间都是在若干地段靠水陆联运辗转而行。

为此，元朝又投入大量人力物力进行开凿，其所新修的大部分河道已不是隋朝大运河的河道。当然，为了保证大运河的使用，明清也经常疏浚、整修。

一句话，大运河能成为闻名世界的历史奇迹，那是从春秋到清朝几千年来众多王朝的功劳。

关于隋炀帝修运河的目的，历史学家王仲荦的《隋唐五代史》说得很清楚："作为隋的最高统治者隋炀帝，他开凿运河主要是为了加强统治和榨取江南人民，也带有便于他本人巡游享乐的动机。"

看看，修建大运河的初衷不过如此，怎么好意思当成"功业"夸耀？

更有人大言不惭地称隋炀帝文治武功堪比汉武帝，说他创建下的伟业"便宜了李唐""好处全被唐朝笑纳""李唐坐享其成"。

隋炀帝有什么伟业？他倒是坐享其成他爹隋文帝给他留下的丰厚遗产，但却把这些遗产挥霍一空，把一个破坏严重、人口户口锐减四分之三、内外众多强敌的烂摊子甩给了李唐。

根据学者岑仲勉、杨志玖等人考证，隋文帝篡北周自立，从北周那儿继承了至少六百九十万户，后来又吞并了南陈，通过大索貌阅等手段清查北周、陈的隐漏瞒报户口。按《资治通鉴》记："隋开皇中，户八百七十万。"即开皇年间达到了八百七十万户。估计隋朝鼎盛时期可达八百九十万户。

但是，隋炀帝任性、爱作孽，造成了隋末严重的大乱，按《通典》内记杜正伦所奏"……末年离乱，至武德有二百馀万户"，即隋朝仅剩两百余万户，人口锐减。

这还不够，隋炀帝还内外遍树强敌，致使大部分疆域丢失、国内分裂严重。

《新唐书》列传第一百四十上提到："隋大业之乱，始毕可汗咄吉嗣立，华人多往依之，契丹、室韦、吐谷浑、高昌皆役属，窦建德、薛举、刘武周、梁师都、李轨、王世充等崛起虎视，悉臣尊之。控弦且百万，戎狄炽强，古未有也。"突厥可汗想要取得中原，而华夏有不世出之人杰李世民。李渊、李世民数年苦战，不仅统一了中原，还抵御了突厥，粉碎了突厥可汗的企图。

拿隋炀帝和李世民比，怎么比？隋炀帝根本就是败家子、二世祖，说什么文治武功？说什么雄才大略？手里抓着老爹留下的一副好牌，却打得一塌糊涂，能怪谁？

李世民父子起兵时，只有太原一地，却在乱世中崛起，逐一挫败强敌，占据了中原、南方等地，还扩张占据了庞大的外围疆域，疆域面积远超过隋朝。后来经过发展，唐朝的人口、经济等方面也超过了隋朝。

冻国栋在《中国人口史》中提到，唐朝天宝十三年（公元 754 年）时，有约一千四百三十万到一千五百四十万户，约七千四百七十五万到八千零五十万人口。

隋炀帝好大喜功，大业三年和四年在榆林（今内蒙古托克托西南）以东修长城，两次调发丁男一百二十万人，役死者过半；三征高句丽，目的不过是想炫耀兵威，放话"高句丽若降，即宜抚纳，不得纵兵"，最后的结局却是"隋人望之而哭者，遍于郊野"。

隋炀帝在十余年间征发扰动的农民不下一千万人次，平均每户就出役者一人以上，造成"天下死于役"的惨象。

李世民后来也亲征高句丽，只因"辽左早寒，草枯水冻，士马难久留，且粮食将尽"而班师，虽说没有灭了高句丽，却也没有大的损失。

最难得的是，出征前，百姓踊跃参军，《资治通鉴》中写道："有不预征名，自愿以私装从军，动以千讨，皆曰：'不求县官勋赏，唯愿效死辽东！'上不许。"

隋炀帝实在是满身黑点，洗是洗不白的。

林士弘当了几年的皇帝

隋炀帝杨广穷兵黩武，两征高句丽，弄得天怒人怨，四海鼎沸。大泽龙蛇，闻风而动，英雄豪杰，逐鹿中原。

这种情况下，江西鄱阳人操师乞率众起义，鼓众占据鄱阳郡城，称元兴王，年号"天成"。次年，攻下浮梁、彭泽和江西重镇豫章郡（今江西南昌）。

要成大事，最佳的做法是"缓称王，广积粮"。

操师乞沉不住气，一登台亮相，就急吼吼称王，招致了隋炀帝的重点打击。

豫章城外一战，操师乞被隋军当场射杀。

元兴王"驾崩"，新建立的元兴王政权群龙无首，眼看就要发生溃散。

关键时刻，林士弘挺身而出，接过了操师乞的指挥棒，带领部队奋勇作战，稳定了军心。

林士弘外表粗野，却颇有心计。

他利用自己士兵多生长于江南水乡，地头熟、水性好的特点，调整了战略方针，兵分水陆两路，其中陆军作为正兵，从陆地上与敌人抗衡；水军作为奇兵从水路出击，结果一击得手，大败隋军，击毙了隋军指挥官刘子翊，为操师乞报了仇。

由此，林士弘当仁不让地接管了操师乞的事业，在豫章称帝，国号"楚"，年号"太平"。

铺子新开张，生意红火，林士弘四向发兵，各地豪杰纷纷归附，"北至九江、南洎番禺，悉有其地"。

楚国一下子就达到了全盛。

林士弘幸福并快乐着。

但一个人的出现，改变了眼前的美好。

这个人是兖州（今山东济宁）人张善安。

这个张善安既不善良，也不安分。根据朝廷的刑事档案记录，此人十七岁时，就有过杀人犯罪的前科，后来亡命江湖，混迹于其他支派的起义军队伍中。

在各大起义军的厮杀、火拼和重新洗牌过后，张善安实在混不下去了，纠集了八百余散卒来投林士弘。

林士弘认为彼此间还不是很熟，没让张善安入豫章，把他安排在距豫章不远的南塘（在今江苏南京市西南秦淮河南岸）安身。

林士弘这样的安排并没什么不妥，但张善安不乐意。

张善安认为林士弘是不相信自己、怀疑自己、防备自己，早晚有一天会把刀挥向自己。一怒之下，他率舟师潜伏豫章城外，出其不意地向林士弘发起袭击。

这是现实版的农夫与蛇的故事。

林士弘是农夫，张善安是蛇。

林士弘在张善安走投无路之际敞开温暖的胸怀收留了他。

但出乎意料，被张善安露出毒牙咬了一口，很受伤。

豫章城陷，林士弘背井离乡，远走南康。

失去了根据地的林士弘如同白日里的一个孤魂野鬼，飘飘荡荡，四处流浪，好不容易才在馀干（今江西余干县）站稳脚跟，筑城三座以自保。

为了重振雄风，林士弘曾派人招抚交趾太守丘和，未遂；又派兵进攻始安郡，无功而返。

看来，昔日的楚国事业已成明日黄花，风光难再。

但是，生活处处有惊喜。

就在林士弘唉声叹气之际，一份意外的大礼从天徐徐而降。

隋炀帝被宇文化及弑杀后，天下尚无共主。隋汉阳太守冯盎以苍梧（今广东封川北）、高凉（今广东阳江西）、珠崖（在海南岛）、番禺

（今广州市）之地归附于林士弘。

幸福简直不要来得太快！

林士弘受宠若惊，一时不知如何是好。

这还不够。

南海郡广州、信安郡新州乱民首领高法澄、冼宝彻发动暴动后，又欢呼着来归附林士弘。

可是，林士弘还来不及高兴，冯盎突然发起袭击，干脆利落地收拾了高、冼二人以及他们的队伍。

随后，冯盎举高、罗、春、白、崖、儋、林、振八州降唐，任高州总管，封耿国公。

原来，冯盎归附林士弘只是权宜之计，一旦看清林士弘并非真命天子，便霎时翻脸，发兵狂攻。

林士弘被打得手忙脚乱，仓皇退守虔州。

虽说唐军在攻打萧铣和李子通两大割据势力时，萧、李的残兵败卒都投入林士弘的帐下，但这并不能改变林士弘败亡的命运。

唐武德五年（公元 622 年）正月，唐军完全消灭了梁、吴两国后，全力攻伐楚帝林士弘。

林士弘一败再败，最后，在四面楚歌中弃走馀干，躲进了安成（今江西安福县）的一个山洞里，穴居起来。

当年寒冬，大唐洪州总管若于则引军攻来。

楚帝林士弘悲愤莫名，学习前辈西楚霸王项羽，唱出了一曲垓下歌，怆然病倒，逝去。

众楚臣楚将一哄而散，前后割据六年的楚政权就此消亡。

 窦建德有一统宇内之志，却败于李唐

窦建德，山东清河郡漳南县人，少年时就仗义疏财，崇尚豪侠，喜结交天下英雄。

曾经有七八个盗贼不知死活，到他家抢劫，这简直是撩虎须。

窦建德站在门后，单等盗贼进来，来一个砍翻一个，来两个料理一双，一口气干掉了四个。吓得其余的盗贼心胆俱寒，在门外央求归还同伙尸首。

窦建德笑着说："你等狗贼，既没有胆量进来，那就丢条绳子来，我把尸体捆好，你们自己拽回去罢了。"

盗贼信以为真，就往里丢绳。少顷，听到窦建德大叫："好了。"他们就一齐发力往外拽，一拽，拽出了一名黑大汉。大汉挥动大刀劈头盖脸一通乱砍，盗贼们死的死，伤的伤。原来窦建德竟然是把绳子缚在了自己的腰间！

一人孤身杀了几个打家劫舍的强盗，可见窦建德无论是胆色还是力量都是超一流的。

单单从这一件事看，窦建德绝对称得上是隋唐年间的超级牛人。

最难得的是他还有一副侠义心肠，济困扶危，乐善好施。

有一次，窦建德正犁田，听说乡里有人死了父亲却无钱安葬，感慨万分，便把正在劳作的耕牛解了下来，送给他，让他卖了换钱发丧。

可以说，窦建德就是传说中的"侠义和英雄的化身"。

由于德高望重，窦建德得到了乡里人的一致拥护，被推举为乡里的乡长。

虽然只是一个小官，但他却从不仗势欺人，相反，他还经常体恤孤弱，倾听贫苦百姓的心声。所以，窦建德的父亲死的时候，乡里自发起来给他父亲送葬的有一千多人，队伍排了长长一路，蔚然壮观。

人们赠送给窦建德办丧事的财帛，窦建德悉数奉还，一概不收。

杨广募兵征高句丽时，乡长窦建德非常"荣幸"地被征募为一个小头目，名称叫"二百人长"。

和窦建德一起被征募的还有一个他非常要好的朋友，叫孙安祖。

相对而言，孙安祖的家境就比窦建德家差多了，常常是吃了上顿没下顿。为此，他没少干那些偷鸡摸狗的营生，更多的时候是偷羊，人们都叫他"摸羊公"。征兵这年，山东大水，孙安祖家属于受灾严重户，作为家里的主劳力，他如果应征去了高句丽，家中老少势必会被饿死。迫于无奈，孙安祖向漳南县令提出了免征申请。这个县令却一点人道主义精神也没有，孙安祖的一番苦苦申告，不但没换来他的半点怜悯，反而让他认定孙安祖是在耍滑头，存心要逃避兵役，还把孙安祖捉了起来，扒掉裤子，结结实实地打了一顿板子。

孙安祖又羞又愤，几天之后，潜入县府衙，成功地刺杀了县令，全身而退。

他的藏匿之处就在窦建德家。

俗话说，天下没有不透风的墙。

不久，窦建德窝藏孙安祖的事就成了半公开的秘密。

孙安祖也觉得无法再继续隐藏下去了，便与窦建德辞行。

窦建德摆下一桌好酒好菜，鼓励他招兵买马，做一番英雄事业。窦建德说："隋文皇帝时代，天下盛强。现在发百万众征伐辽东，竟全军覆灭。洪涝成灾，民力凋敝，杨广独夫，不体恤民情，横征暴敛，穷兵黩武，去年西征，十不一返，今年疮痍未平，又重发兵，人情危骇，局势动荡。丈夫不死，常建功于世！我们县内的高鸡泊广袤数百里，葭苇丛生，正是造反致富的风水宝地。如果能以它为根据地，聚集豪杰，且观时变，大计可成。"

其后，窦建德亲自出面，召集了同乡几百人，帮助孙安祖在高鸡泊成立了反政府武装组织。

做完了这一切，窦建德像没事人一样，回家继续当二百人长。

一直以来，官府就盯实了窦建德。他们觉得，窦建德不是强盗头子也是个通匪之徒！

要不，为什么别的人家都被抢被劫，而他家却从来没事？

现在，赞助杀人逃犯孙安祖造反的证据确凿！

在一个伸手不见五指的黑夜，一大帮差役揣着邀功请赏的美好愿望突袭了窦家。

窦建德外出访友未归，恼羞成怒的差役们就把窦建德家里的男女老少全部咔嚓了。

官逼民反，民不得不反。

窦建德悲愤莫名，迅速聚集了二百多人攻入县衙，见官就杀，见吏就劈，血溅画屏，快意恩仇！

然后投靠了清河郡内比较有前途的另一支反政府武装——高士达集团。

与此同时，刚刚竖起大旗，以"摸羊公"别名行世的孙安祖与高唐人张金称发生冲突，当场死了。

孙安祖手下的人马听说窦建德生意开张了，于是哗啦啦全跑来跟着混饭吃了。

要说窦建德的个人魅力，那可真是够大，很快就吸引了大批的追随者，数目不下万人，俨然成了高士达座前的第一大将。

也是从这一刻起，窦建德开始立志要做个侠之大者，为民请命，为民造福。

公元616年十二月，隋涿郡通守郭绚奉命率兵万余人来高鸡泊荡寇。

郭绚早就听说了高士达、窦建德兵强马壮、嚣张跋扈，不把朝廷放在眼里。他一路上长了个心眼，稳扎稳打，步步为营。

大军尚未到漳南，高鸡泊突然传出高、窦二人为了争权夺势，彼此已经反目成仇，势同水火的消息。

没几天，窦建德带了七千人狼狈不堪地来向郭绚请求投降。

郭绚不知是计，接受了窦建德的投降。

改日，窦建德和高士达内外夹击，大破郭绚军，杀敌数千人，获马千余匹，军威大振。

消息传到隋炀帝杨广的耳中，杨广大怒，派太仆卿杨义臣率兵前往高鸡泊荡寇。

杨义臣本姓尉迟，因战突厥、平汉王、击吐谷浑、征辽东……立下赫赫战功，得隋文帝杨坚赐姓杨，是个绝对的实力派。

杨义臣一出手，就灭了高士达。

但隋朝天命该绝，还没等和窦建德展开对决，杨义臣就因病逝去了。

杨义臣一死，窦建德"以百余骑走饶阳"，攻取了饶阳，然后以饶阳为根据地，招集溃卒。

史书称："初，他盗得隋官及士人必杀之，唯建德恩遇甚备。"意思是说，在当时，几乎所有的反政府武装俘获了隋朝官兵后，都是无一例外地推出斩首，只有窦建德能厚待这些俘虏，"隋郡县吏多以地归之，势益张，兵至十余万"。

窦建德由此势力大涨，公元617年正月正式在河间郡乐寿筑坛，自立为长乐王，年号"丁丑"，配置自己的文武百官，分治郡县，成了隋末著名的大反王。

成了大反王的窦建德并不深居宫中，而是事事躬亲，行军打仗，永远冲在前面。

左御卫大将军涿郡留守薛世雄领三万幽、蓟精兵南下，驻扎在河间郡七里井，准备集结四路大军围剿窦建德。

窦建德却只带了二百八十名骑兵趁着大雾天偷袭薛世雄大营，大破四五万大军，造就了中国古代军事史上的一个神话！

英雄一世的薛世雄也因此活活被气死。

经此一战，窦建德威名远播，当仁不让地坐上了河北各路反政府武装组织中的"一哥"位置。

窦建德踌躇满志地进军河间郡城，招抚了河间郡守王琮，然后还军乐寿。

当年十一月，有五只大鸟率领几万只小鸟铺天盖地地飞来乐寿，黑压压地在天空盘旋了好几天才飞走，非常神奇；同年，又有人进王宫献宝玉，经专家考证，这块宝玉非同小可，竟然是夏朝大禹的宝物。

窦建德认为是祥瑞连至，天意难违，于是正式宣布立国，国号为夏，年号为五凤。

跟着，窦建德做了两件很牛的事：一、剪除了河北的另一个反动武装——魏刀儿；二、消灭了北上的宇文化及。

魏刀儿，号称"历山飞"，手下有十万之众，在河北省深泽县、冀县、定县一带影响很大。窦建德剪除了他，吞并了他的队伍，势力更加壮大。而消灭宇文化及，不但令其势力更加壮大，最重要的是提高了其政治影响力。

试想想，宇文化及是杀害杨广的主凶，是大隋帝国的国贼，谁灭了他谁就是旧隋民众的英雄啊！

这还不算，窦建德还攻陷了名将李世勣镇守的黎阳，俘获了李渊的弟弟淮南王李神通、李渊的妹妹同安公主、李世勣的父亲李盖以及魏征等政要人员，一举占领了唐室在河北的全部州县。

窦建德完成了河北的霸业，把都城从乐寿迁到了洺州（今河北永年县广府镇）。

因为境内已没有了像样的敌人，窦建德得以把精力投到生产建设上。他大力发展农业经济，劝课农桑，一时社会安定，给养自足，统治清明，境内无盗，商旅野宿。可谓文治武功均如日中天。

相对而言，关中和洛阳都是四战之地，战乱纷扰，无片刻消停，社会生产力遭受到了严重的破坏，放眼环顾，仍旧是满目疮痍。

侠之大者，为民请命，为民造福！

窦建德的志愿是混同宇内，一统天下。

当洛阳的王世充抵挡不住李世民的进攻，向窦建德发出求援信号时，窦建德义无反顾，亲自提兵赴援。

窦建德这次亲征，多为后世所诟病。

有人说，其实，凭他这个时候的实力，根本用不着亲自挂帅，只需派出一员诸如刘黑闼之类的大将，进可据，退可存，就不会招致国灭身亡。

　　可是，纵观窦建德一生的行事为人，他断然不会这样做。

　　正如被俘后他跟李世民说的那一句："今不自来，恐烦远取。"此战如果胜利，那就一战定天下，如果输了，就愿赌服输。

　　诚如刘武周让宋金刚挂帅，宋金刚败了，两人就都得死；而李渊让李世民挂帅，李世民败了，李渊也会玩完。所以，不用劳烦别人，一切责任自负！

　　窦建德亲率大军渡河南下，以雷霆之势击溃山东定陶，生擒盘踞周桥多年的孟海公，进发虎牢。

　　可惜的是，唐将李世勣已先一步打败了镇守虎牢关的王世充的侄子——荆王王仁则，胜利占据了虎牢关。

　　虎牢不负雄关之名，靠山而建，居高临下，易守难攻。

　　李世民凭借虎牢关玩出了惊世绝作——围洛打援。

　　他一方面让弟弟李元吉、老将屈突通等人继续围困洛阳；一方面亲率三千五百名玄甲兵直赴虎牢关与窦建德打起了持久战。

　　窦建德十万大军离家千里，屯兵于雄关之下，师老兵疲，欲进不得，欲退不能，在进退踌躇之间突然遭到了李世民狂风暴雨般的袭击，一战而溃。

　　混乱之中，窦建德身边的亲兵竟被杀散殆尽，窦建德本人的背后已被长槊刺伤，血流如注，直透重甲，无力再战，跌落在地。

　　唐车骑将军白士让和杨武威齐齐拍马赶至，举槊就刺……

　　窦建德喝了一声："且慢！我窦建德英雄一世，不想就这样在乱军之中悄无声息地死去，要死，就在天下人面前死个明白。你们把我送到李世民跟前吧，这是大功一件，可换你等后半生富贵！"

　　白士让和杨武威惊喜若狂，把窦建德捆了个结结实实，献俘于李世民马前。

李世民看着窦建德，笑道："我自讨伐王世充，关你什么事？居然敢越过边境，犯我兵锋！"

窦建德昂然道："你我争夺天下，免不了一战，今我不请自来，是不想你远征，使得河北兵祸又起。既已战败，乃是天意，要杀要剐，悉听尊便，但请善待我河北士民。"

李世民听后，大为感慨，于是把五万俘虏全部遣散。

随后，李世民将窦建德装进囚车，领着得胜之军，从虎牢关浩浩荡荡返回洛阳。

窦建德的援兵已全军覆没，王世充天旋地转，瞬间崩溃。

这样，没费多少功夫，李世民就连破两大反王，将窦建德、王世充打入囚车，解返长安。

王世充的所属地盘全部被平定，逃回洺州的窦建德夫人曹氏也遵照夫君的意愿，拒绝了众将拥立养子为新主的好意，将府库的所有财物散发给将士，令各解去。不日，曹氏率齐善行和右仆射裴矩、行台曹旦等百官举山东之地，奉传国等八玺降唐。

对于王世充、窦建德之两大反王，李唐的处理态度截然不同。

李渊面责王世充，罗列出十条罪状，将其贬为平民，全族流放巴蜀。

窦建德却被李渊安置于囚车上，当成祭品带到太庙告祭祖先，然后押出闹市斩首。

王世充大奸大恶，"上则谀佞诡俗以取荣名，下则强辩饰非以制群论"，谋权篡位，妖言惑众，欺负寡妇孤儿，把偌大的洛阳弄得鸡犬不宁，民不聊生；窦建德大仁大义，"义伏乡闾，盗据河朔"，逼上梁山后，一刀一枪，百战沙场，在河北大修政治，抚养士卒，体恤百姓，劝扶农桑，轻徭薄赋，把一个"黄发垂髫并怡然自乐"的和谐社会呈现在世人面前。两人善恶易判，正邪分明。

为什么结局会是这样，坏人从宽，好人从严？

而且，窦建德攻克黎阳后，面对李世勣的降而复叛，依然力排众议赦免其父李盖；对待淮安王李神通客客气气，对李渊的妹妹同安公主恭恭敬敬，并陆续送返。

可是，窦建德还是必须死，因为他为人太好了，拥有了太多的民心。他的存在，是对大唐的巨大威胁。他多存在这个世上一刻，他那班遣散的兄弟就多一刻死灰复燃、重操旧业起来造反的心思。李渊绝不能容忍这种情形的出现。

于是，一代英雄窦建德悲壮地死了。

 ## 萧皇帝为保满城生灵，主动出城领死

隋末乱世，群雄并起，逐鹿中原。

众多造反头领中，血统最为高贵的是鸣凤梁帝萧铣。

萧铣的祖父的祖父是南朝梁武帝萧衍。

我们来看一下他和萧衍之间的简单谱系线：

萧衍—萧统—萧詧—萧岩—萧璿—萧铣。

萧衍，自称是汉代名相萧何的第二十五世孙（注意，这个仅仅是自称的；而有史可考的，他是齐高帝萧道成的族侄），才学广博，所谓"草隶尺牍，骑射弓马，莫不奇妙"，与沈约、谢朓、范云等并称"竟陵八友"，更为突出的是他在政治、军事上的才能，于公元502年建立了梁朝。

萧统是萧衍长子，于公元502年十一月被立为皇太子，公元531年三月游池落水，被人救起后，一病不起，未及即位而卒，谥昭明，世称昭明太子。

昭明太子平生最得意之作是：招集文人学士，广集古今书籍三万卷，编集成《文选》三十卷，即后世流传极广的《昭明文选》。"《文选》烂，秀才半"，因为这部书，萧统成了中国文学史上"不著一字，尽得风流"的第一人！

萧詧为萧统的第三子，从小胸怀大志，勤学好问，精通辞赋，佛学上的造诣也非常深，著文集十五卷，内典（佛经）《华严》《般若》《法华》《金光明义疏》三十六卷，并行于世。

萧统病逝后，梁武帝本来有意将萧统的长子、萧詧的大哥萧欢立为皇太孙，作为皇位继承人的，但犹豫再三，最后改立了萧统的胞弟萧纲为太子。值得一提的是，萧纲也是有名的文学家，著名的宫体诗便由他首创。

公元549年侯景乱起，梁武帝被囚，南梁将倾，时任东扬州刺史兼会稽太守的岳阳郡王萧詧凭借西魏的势力，于公元555年正月移居江陵称帝，国号大梁，史称西梁。而此时，除江陵附近八百里的地盘以外，西魏已将襄阳等地皆并入自己版图，并将江陵一带财物掳掠一空。西梁国土面积不过荆州一带的三百里区域，成了西魏的藩属国。

萧詧死后，传位第三子萧岿。萧岿也是一个有名的学者、文学家，聪明有雅量，著有集十卷，另著《孝经》《周易义记》《大小乘幽微》等。即位后，戒奢俭约，进贤退不肖，接受了南陈湘州刺史华皎、巴州刺史戴僧朔的归降；北周又划归基、平、鄀三州，西梁的国土有所扩大，人口增多。这一段时间里，政治清明，国内晏平。

公元582年，萧岿把膝下的一个女儿嫁给了隋文帝之子时为晋王的杨广为妻，与隋结为亲家，双方友好。那一年，新娘十三岁，杨广二十五岁。谁也没有料到，这个小小新娘便是日后隋朝的萧皇后、宇文化及的淑妃、窦建德的宠妾、两代突厥番王的王妃、唐太宗李世民的昭容。

萧岿在位二十三年，于公元585年驾崩，传位萧琮。

萧琮，弓马娴熟，才学过人，著有集七卷，其中《奉和御制夜观星示百僚诗》辑入《先秦汉魏晋南北朝诗》；文一篇，辑入《全上古三代秦汉三国六朝文》。

萧琮即位之后，隋文帝设立江陵总管监视萧琮的行为；公元587年，隋文帝先召萧琮入朝，然后一口并吞了西梁。

于是，自萧詧至萧琮，西梁共传三世，历三十三年，先后看西魏、北周和隋的眼色过日子，战战兢兢，最后被隋灭亡。

萧琮入隋后，被隋文帝封为柱国、莒国公；后因为妹妹萧皇后的原因，被杨广所亲重，拜为内史令，进封梁王。不过好景不长，由于坊间流传"萧萧亦复起"的童谣，萧琮惨遭猜忌，废黜，病死在家中，被追赠左光禄大夫。

萧岩是萧詧的第五子，封安平王。公元 587 年八月，萧琮被迫入朝后，萧岩曾联结江南陈朝，裹挟后梁十余万百姓归降了南陈。

隋灭南陈后，萧岩被诛，家属全部沦为平民。

萧璿，事迹未显于史，生下萧铣后，很早死去。

所以，到了萧铣这一代，生活已经极为贫苦，母子相依为命，艰难度日。

不过，他的杀父仇人杨坚被杨广弄死后，登上了帝位的杨广册立萧铣的姑母萧妃为皇后，开始对萧氏子弟大加擢用。

萧铣于是变成了湖南湘阴的罗川县县长。

萧铣的亲姑爷杨广并不得人心，天下鼎沸，变民四起。

公元 617 年十月，湖南岳州校尉董景珍、雷世猛，将领郑文秀、许玄彻、万瓒、徐德基、郭华，沔阳张绣等密谋占据岳州造反。

一开始，大家打算推举董景珍为首领。

董景珍非常不安，推辞说："我出身寒贱，难以服众，做首领的话，得是德高望重之人。罗川县长萧铣是梁朝的龙枝凤叶，宽仁大度，有梁武帝遗风。我听人家说，'帝王之兴，必有符命'。现在隋朝的冠带都称'起梁'，这是萧梁中兴的迹象啊。推举他做咱们的领袖，才能顺天应人啊。"

于是，众人就把目光投向了远在罗川的萧铣，秘密派出代表潜入罗川，与萧铣取得了联系。

萧铣慨然说道："我祖父当年事隋，职贡不断，竭诚交结两国之好，但是杨坚贪我国土，灭我家国，每念及，无不痛涕流泪，你们既如此推崇见爱，有意助我光复大梁帝国，我岂有退缩之理？"

萧铣这一番话目标定位高，旗帜鲜明，与同时代的其他的造反者有根本的区别，这种差距是由人的素质、修养、品位和抱负造成的。

这样，罗川城内，官吏的服色、城头的旗帜，仿佛一夜之间，全部恢复了梁国的旧制。

董景珍他们也迅速发动兵变，顺利地占据了岳州。

公元617年十月十九日，在董景珍等人的拥戴下，萧铣在岳阳城南筑坛，焚烧供品祭祀上天，隆重地举行了开国大典，重建梁国，自称"梁王"。

据说那天早上，霞光万丈，有很多怪鸟临空，有识之士说这是祥瑞，大吉，建议大梁的年号为"鸣凤"，萧铣欣然从之。

第二年三月十一日，隋炀帝在江都离宫被宇文化及处死。

同年四月下旬，萧铣在岳州登基称帝，一切典章制度皆依梁朝旧制，置署百官，追谥叔父萧琮为孝靖皇帝，祖父萧岩为河间忠烈王，父亲萧璿为文宪王；封董景珍为晋王，雷世猛为秦王，郑文秀为楚王，许玄彻为燕王，万瓒为鲁王，张绣为齐王，杨道生为宋王。

立国之初，政通人和，气象一新，处处呈现一派欣欣向荣的景象。

隋将张镇州，曾在岳阳城外里里外外屯了三重大军，准备攻取岳阳，听说杨广已死，长叹一声，和钦州刺史宁长真等一同举五岭以南的全部州县向岳阳投降。

这样，萧铣的帝业达到了巅峰！

麾下有雄兵四十余万，坐拥了南方大片土地，梁国版图东达九江（今江西九江市），西抵三峡（今湖北与重庆交界处），北接汉水（今汉水以南），南尽交趾（今越南），国势之盛，已超过乃祖的西梁。

如果说有美中不足的话，那就是故国西梁的都城建在江陵，而此时萧铣的都城还在岳阳。

所以,萧铣决定迁都江陵。

江陵在西梁苦心经营的三十余年中,国泰民安,泽被百姓,深得民心。

迁都后,萧铣先修复了先皇的陵墓和宗庙,然后薄赋税,施仁政,励精图治,把一个崭新的梁帝国矗立在世人面前。

根基稳固好了以后,接下来,萧铣就开始准备北顾中原,逐鹿天下了。

不过,萧铣命不好,他遇上了隋唐年间的超级军神——李靖。

公元 618 年,李世民和王世充、窦建德的虎牢大战正打得不可开交,雄踞江陵的萧铣派舟师溯江而上,屯兵于安蜀城及荆门城,虎视眈眈地盯着属于唐室的峡州(今湖北宜昌市西)、巴、蜀等地。

一旦巴蜀等地被萧铣侵占,大唐帝国将会陷入东西两面受敌的困境,李渊大感不妙,命李靖领轻骑数人火速前往峡州,协助峡州刺史许绍抗击萧铣。

李靖得令,日夜兼程,途经金州,正遇上庐江王李瑗和蛮贼邓世洛苦斗。

双方你来我往,已鏖战多日,胜负未决。

李瑗见了李靖,如获至宝,连忙请教问计。

于是李靖在金州倾情上演了一出隋唐版的"荆州城公子三求计,博望坡军师初用兵",略做停留,为李瑗定下平蛮贼的奇计才匆匆告辞。

到了峡州后,李靖与许绍共同分析当前形势,发现险塞基本掌握在萧铣手中,战机尚未成熟,两人的意见都是先按兵不动,耐心等待机会。

李靖郑重地向李渊递交了一份作战计划——"攻取萧铣十策",然后静等时机。

公元 621 年九月秋汛,连日大雨,经月不止,江水暴涨。

李靖料定萧铣没有防备,马上安排三军分三路进击。

三路大军分列两千艘战舰顺江而下，果然不费吹灰之力就拿下了荆门和宜都，然后破梁大将文士弘于清江（今清江入长江口），洞穿梁国门户，长驱直入，直逼江陵。

看着唐军千帆齐举，万舸争流，气势如虹，萧铣黯然长叹："天不祚梁，气数当尽，若力屈而战，徒然使百姓遭殃，岂能因为我一人的缘故而使百姓蒙难？宜趁城池未陷而出降，希望可以避免战乱伤及士民。诸人失我，何患无君？"

十月二十一日，萧铣脸色平静地到太庙告祭先祖，然后下令出城投降。

城上守军纷纷泪如雨下。

天不佑梁，天数如此，奈何奈何？

萧铣一袭白衣，带着文武百官径直来到唐军营门前，对唐军主帅李孝恭说："当死者唯铣，百姓非有罪也，请勿杀掠！"

事实上，李孝恭进驻江陵之后，唐军上下都在不怀好意地审视着这座富丽堂皇的梁朝帝都，一个个摩拳擦掌，蠢蠢欲动，准备尽情饱掠一番。因为萧铣这充满悲天悯人的一句话，李孝恭被深深打动，从而发布严禁士兵抢掠的命令。

"于是城中安堵，秋毫无犯"。江陵遂避免了一场浩劫。

梁国所属的各州县得知江陵陷落后，皆望风款附，纷纷缴械投降。

萧铣被李孝恭押解到长安之后，李渊当面大骂萧铣大逆不道，不自量力，公然称王称帝和大唐唱对台戏。

萧铣凛然回答道："隋失其鹿，英雄竞逐，铣无天命，故至于此。亦犹田横南面，非负汉朝。若以为罪，甘从鼎镬！"

公元621年冬天，萧铣慷慨就死，被斩首于长安闹市，时年三十九岁。

 ## 王世充残暴无常，残杀出家大臣

历朝历代，都有一条不成文的约定：只要不是大奸大恶，犯下谋反、逆乱之类大罪，犯人削发皈依佛门，诚心向佛，当权者往往都会网开一面，睁一只眼、闭一只眼。

但在隋唐交替的乱世，发生了有人立志做和尚却被暴君处死的事件。

话说，隋炀帝当政，穷兵黩武，搞得天怒人怨。

监察御史郑颋对隋朝失望，投奔瓦岗起兵的李密，得封右长史，负责镇守偃师。

后来，瓦岗军与王世充争锋，大败，李密流亡，最终在熊耳山南麓遭遇李唐集团截杀。

大厦倾覆，郑颋的部属叛乱，郑颋被裹胁着投降了王世充。

瓦岗集团溃亡之时，像程咬金、秦叔宝等后来上了唐朝凌烟阁的名臣良将也和郑颋一样，投到了王世充麾下。

王世充喜欢装神弄鬼，毫无人君之风。

程咬金对王世充的评价是："王公器度浅狭而多妄语，好为咒誓，此乃老巫妪耳，岂拨乱之主乎！"

秦叔宝也认同，说王世充："性猜忌，喜信谗言。"

程、秦是武将，趁带兵在外打仗的机会改投了李唐。

郑颋被王世充强行封为御史大夫，天天伴驾，就没有这样的机会了。

秦王李世民率军攻打王世充，在青阳宫展开了一场短刀相接的小规模战争，唐骠骑将军王怀文在乱军中落马，被俘。

被俘后的王怀文佯装投降了王世充，某天，跟随王世充从右掖门出洛水列阵，突然挥槊疾刺王世充。

王世充躲闪不及，正中前胸！

可是鲜血并没有溅出，"当"的一声清脆响亮的断金戛玉之音过后，跟着"噼啪"一声闷响，长槊竟断了！

原来王世充长袍里面竟穿着坚厚铠甲，使得槊折不能入。

王怀文惊呆了。

其他人也惊呆了。

当然，震惊的内容不尽相同。

王世充震惊过后，是怒不可遏的暴怒。

立即下令，将王怀文推出去斩了！

料理了王怀文后，王世充先气呼呼回宫除去铠甲，然后光着膀子出来，响亮地拍着肥硕的胸脯肉，糊弄着惊魂未定的群臣说："王怀文贼子用长槊刺我，我有金刚护体，所以毫发无伤，天命啊！这是天命！"

郑颋早就厌透了王世充这套鬼把戏，却不戳穿他，趁机说："我听说佛有金刚不坏之身，陛下遭受槊击却毫发无伤，岂不是活佛转世？我愿弃官削发为僧，服勤精进，光大陛下的英姿神明。"

王世充奸笑着说："国之大臣，声望素重，突然出家，会使朝野震动。这样吧，等战火熄灭，天下太平的时候，再出家不迟。"

郑颋坚持要出家，王世充坚持不批准。

回家后，郑颋慨然对老婆说："我束发入仕，志慕名节，却不幸遭遇乱世，流离沦落在这样一个充满猜忌、濒临灭亡的小朝廷内，可叹我智力浅薄，不能自保。人生免不了一死，今天如能趁了我的心愿，就算死也没什么遗憾！"于是，让老婆替自己剃光了头发，披上崭新的和尚服，对天合掌："南无阿弥陀佛！"

王世充知道后，勃然大怒："你就认定我一定会败给李唐了吗？你以为做了和尚就可以躲过一死吗？不杀你，不足制众！"

于是命人把郑颋捉起来，解到闹市咔嚓掉了。

郑颋临死前，谈笑自若，口占一绝，诗云：

> 幻生还幻灭，大幻莫过身。
>
> 安心自有处，求人无有人。

连出家做和尚的自由也没有，王世充做这事太不地道，招致众叛亲离。从而，王世充杀郑颋事成了其败亡的转折点。

说说李世民、李元霸四兄弟的名和字

　　演义中的李元霸力大无穷，恨天无柱，恨地无环，捻铁如泥，胜过汉时项羽；一餐斗米，食肉十斤；使两柄铁锤，四百斤一个，两柄共有八百斤，如缸大一般；胯下坐骑千里一盏灯。在隋唐年间，号称天下第一好汉，几乎没有人能在他马前走上三个回合，打遍天下无敌手。

　　四明山李元霸击败反王二十三万大军，先后杀死名将伍天锡、宇文成都，在紫金山面对一百多万军队，一对金锤如拍苍蝇般，只打得尸山血海，迫使李密交出玉玺，反王献上降表。这位无敌凶神最后的结局很惨烈——被雷劈死了。

　　历史上真正的李元霸是唐高祖李渊的第三子，原名叫李玄霸。

　　由于清朝康熙皇帝的名字叫玄烨，清朝在整理古书时，将许多古书上的"玄"字做了篡改，说是避圣讳。

　　于是，"李玄霸"被改成了"李元霸"，"唐玄宗"被改成了"唐元宗"。

　　查《新唐书》可知，李渊一共生有二十二个儿子，长子李建成、次子李世民、三子李玄霸、四子李元吉，此四子都是原配夫人所生。

　　"建成""世民""元吉"，应该是三人的字，而不是名。

　　李元吉的名叫"李劼"，小字"三胡"。

　　李建成的名不可考，有小字为"毗沙门"。

　　李世民的名也同样不可考。

　　李玄霸属名，字为"大德"。

　　"建成"和"世民"起得非常大气，且有深远的寓意——建成一番大事业，救济世困，让民众安居乐业。

　　李玄霸的名起得也不赖，隐有王图霸业之意。

　　但是，李玄霸却辜负了这个好名字。十六岁那年，他和两位兄长一同出猎，马失前蹄，从马上摔下，直接摔死了，死得相当窝囊。

该年是隋大业十年（公元614年），李渊太原起兵是隋大业十三年（公元617年）的事。即李玄霸对于大唐开国并无尺寸之功，也谈不上什么厉害不厉害了。

补充说一下，自四子李元吉之后，除第五子名字叫李智云外，李渊的其他儿子名字的中间均为一个"元"字，为元景、元昌、元享、元方、元礼、元嘉、元则、元懿、元轨……"元"了一大串。

这些"元"字的来历，并非避康熙讳由"玄"改"元"而来，而是它们本来就是"元"字。

注意，在《隋唐演义》《说唐演义》和众多评书中，李元霸的人物设定是李渊的第四子，李元吉是第三子。事实上正好相反，历史上的李元霸为李渊的第三子，李元吉为第四子。

还有，李渊称帝后，可怜李玄霸早死且无子，将李世民与长孙氏生的次子李泰过继为其子，以奉其祀，追赠其为卫王，谥号为"怀"，并封李泰为宜都王。

历史上的隋唐英雄单挑能力排名

小说《说唐全传》给隋唐交替之间的牛人、猛人列有一个英雄好汉排位表，不过，里面的所谓英雄好汉如李元霸、宇文成都、雄阔海、伍云召等，大多数都是虚构的，没什么意思。

而真实的历史里面，在这个四海鼎沸、风云际会的时代，也真的涌现出许许多多勇力绝伦、豪气盖世的英雄豪杰，称得上是牛人如雨、猛将如云。

笔者通过史料对比研究，统计出隋唐年间二十大战斗力最强悍的牛人，并予以由最强到次强进行排位，以奉献给广大喜欢研究这段历史的"隋唐迷"。

牛人一：尉迟敬德。

《旧唐书》称："尉迟敬德，朔州善阳人。大业末，从军于高阳，讨捕群贼，以武勇称。"又说，"敬德善解避槊，每单骑入贼阵，贼槊攒刺，终不能伤，又能夺取贼槊，还以刺之。"

武勇"代表作"：李世民鏖兵洛阳期间，一度落单，王世充领步骑数万来战，"飞将"单雄信挺槊直趋李世民，"敬德跃马大呼，横刺雄信坠马"，顺利掩护李世民杀出重围。

可见，尉迟敬德艺高胆大，不但挥鞭击槊功夫了得，而且骑术精湛，在万军中冲锋陷阵收放自如，毫发不伤。除此之外，他更有一项无人能望其项背的绝活——在马上空手夺白刃。

单鞭夺槊一幕只是在李世民跟前的牛刀小试。

他曾经有过一项纪录：手无寸铁地站在乱军之中，面对着敌人刺来的长槊随抓随掷，不一会儿的工夫，就把数十名围攻敌军的长槊全部夺下抛掷在地下，吓得敌军心胆俱裂，惊呼四散。

齐王李元吉听说了尉迟敬德的本事，心中大为不服，提议除去槊首后，双方比试一场。

尉迟敬德却说："我自当遵命除去槊首，但大王不必！"

李元吉不信，把长槊的槊首抖出一团槊花，照尉迟敬德的面门用力猛刺，可是无论他是正刺、斜刺、侧刺、上刺、下刺都伤不了尉迟敬德一根毫毛。

李世民有心挫挫弟弟的锐气，叫停了二人，故意问尉迟敬德："夺槊难还是避槊难？"

尉迟敬德据实回答说："夺槊难。"

"那你能不能夺下齐王手中的长槊？"

尉迟敬德看了看李元吉，笑笑说："试试吧。"

结果是"元吉执槊跃马，志在刺之，敬德俄顷三夺其槊"。

李世民征讨洛阳时，王世充的侄子王琬曾身披华甲，骑杨广的御马耀武扬威于两军阵前。

李世民只问了一句："谁能擒杀此人？"

尉迟敬德应声而往，跃马横鞭，倏忽到了王琬跟前，用力一拽，将王琬手到擒来，拽过自己的鞍前，牵着御马飞奔回来。

这几下兔起鹘落，等王琬的手下反应过来时，尉迟敬德已经回到李世民跟前了。

两军皆惊。

牛人二：秦叔宝。

《旧唐书》称："叔宝每从太宗征伐，敌中有骁将锐卒，炫耀人马，出入来去者，太宗颇怒之，辄命叔宝往取。叔宝应命，跃马负枪而进，必刺之万众之中，人马辟易。"《新唐书》亦称："每敌有骁将锐士震耀出入以夸众者，秦王辄命叔宝往取之，跃马挺枪刺于万众中，莫不如志。"所谓于万军之中取上将首级犹如探囊取物不过如此。

武勇"代表作"一：李密与宇文化及大战于黎阳童山，李密为流矢所中，堕马闷绝。左右奔散，追兵且至。关键时刻，秦叔宝独捍卫之，杀散隋兵，救了李密一命。

武勇"代表作"二：在围困洛阳期间，李世民有意让秦叔宝出场震慑王世充集团的军心，秦叔宝"所将枪逾越常制"，手中的大枪远远超出寻常规格，沉重异常，只见他"驰马顿之城下而去"，提枪跃马到了城下，将枪往地上一插，然后头也不回，拍马回营。"城中数十人，共拔不能动"，城里的守军看了这支大枪，惊奇无比，冲出了几十个人，想把枪拔回城中，可是枪竟如同生了根一样，这帮人"嘿咻嘿咻"地忙碌了大半天，像蜻蜓撼大树一样，浑身臭汗，枪却分毫不动。只听蹄声如雷，秦叔宝大呼："让开！"快马如风一样冲来，手握枪柄用力一拔，尘土四起，"复驰马举之以还"，背后留下满城的惊愕！

晚年的秦叔宝每多疾病，因谓人曰："吾少长戎马，所经二百余阵，屡中重疮。计吾前后出血亦数斛矣，安得不病乎？"

牛人三：程咬金。

《旧唐书》称程咬金："少骁勇，善用马槊。"在瓦岗隶属四大骠骑将之一，领八千内军，得李密称赞："此八千人可当百万。"

武勇"代表作"：瓦岗军与王世充对砍期间，有一次，裴行俨先行冲阵，冲到中间被流矢射中，滚鞍落马。程咬金挺身而出，冒死杀散了四周的士兵，然后把受重伤的裴行俨抱上马，二人同骑。王世充的大军又汹涌攻到，程咬金前胸竟被一条马槊捅穿，大怒，怒喝一声，把马槊拧断，顺手一带，把追刺他的兵士拉至近前，刀斩其头，神威凛凛，吓得追兵不敢近前，悍勇异常。

牛人四：丘行恭。

《旧唐书》称："行恭善骑射，勇敢绝伦。"

武勇"代表作"：李世民在榖水岸边冲阵，陷入王世阳重围。坐骑"飒露紫"中箭，李世民栽倒在地上，危急关头，丘行恭策马杀到，将李世民周围的敌人杀散，然后下马，把缰绳交给李世民，自己牵起"飒露紫"，左手举起马鞍上下挥舞为李世民遮箭护体，右手操长刀，走在前面，挥刀不停，血雨中前进，一如诗里写的："五步杀一人，千里不留行"，突阵而出。

值得一提的是，战斗结束，丘行恭俯首为"飒露紫"拔箭，岂料箭刚拔出，血喷如注，"飒露紫"凄鸣一声，怦然倒地。李世民伤感不已，为了把这一刻永远定格，命人将此情此景刻于石屏上。丘行恭也有幸成了昭陵六骏中唯一一个附刻了人像的主角。

千载之下，我们仍然能从石屏上目睹这被定格了历史的一刻：中箭后的"飒露紫"马首低垂，依偎着人，眼神凄然，似乎有泪涌出，后身倾斜，四脚松散无力，又像是因为疼痛而战栗；脱下战甲后的丘行恭头戴兜鍪，身穿战袍，腰佩大刀和箭囊，相貌英武，朗目卷须，低着头拔箭，护马之情，跃然石上！

牛人五：张须陀。

瓦岗李密曾设伏将张须陀团团围困，"须陀溃围辄出，左右不能尽出，须陀跃马入救之，来往数四"，基本接近长坂坡赵子龙六出六进的现实版。

牛人六：罗士信。

蔡东藩《唐史演义》中的一句话："俗小说中，有罗成一人，想是罗士信误传。"

此语，我深以为然。

罗士信小小年纪，力大无穷，使长枪，其人有着严重的暴力美学倾向：喜欢"辄劓其鼻而怀之"，割下敌人的鼻子，装在自己的行囊里，回来后统计战绩。

《旧唐书》中记："士信年始十四，固请自效。须陀谓曰：'汝形容未胜衣甲，何可入阵！'士信怒，重著二甲，左右双鞬而上马，须陀壮而从之。"

十四岁的罗士信从军，张须陀看他长得矮小，疑惑地说："你不胜衣甲，怎么上阵打仗？"罗士信大怒，穿两层战甲，每层战甲大约重五十斤，两层就一百多斤了，惊得张须陀的下巴差点掉落地上。

罗士信曾"击贼潍水之上。阵才列，士信驰至贼所，刺倒数人，斩一人首，掷于空中，用枪承之，戴以略阵。贼众愕然，无敢逼者"。

隋炀帝最欣赏张须陀和罗士信的悍勇，"令画工写须陀、士信战阵之图，上于内史"，将张、罗二人冲锋陷阵的场面绘制成图，珍藏在宫中。

牛人七：单雄信。

《旧唐书》称其"少骁健，尤能马上用枪，密军号为'飞将'"。

《资治通鉴》也说："雄信骁捷，善用马矟，名冠诸军，军中号曰'飞将'。"马矟是隋唐年间最为流行的一种重型兵器，根据《武备志》上的描述，该兵器又粗又长，柄头有锤，锤端有钉，锤身遍布铁齿八行，柄末装三棱铁钻，既有大刀之利，又有长矛之锐，更兼斧锤之重，端的是无坚不摧、无厚不破的百兵之王。单雄信使用该种武器，足显臂力惊人。不过，《酉阳杂俎》记单雄信的武器名曰"寒骨白"，以枣树为枪杆，枪头达七十斤。

史学家赵翼评论单雄信，说他"挺槊追秦王"，"万人敌，瞋目莫敢当，使其事真主，勠力鏖疆场。功岂后褒鄂，名应并徐常。惜哉失所依，草贼同陆梁"。

可以说，单雄信天生就是一个战场上的斗士，一个威风八面的杀神，注定不会默默无闻地到老。

牛人八：段志玄。

段志玄，齐州临淄人，跟随唐高祖起义，屡立战功。

武勇"代表作"一：刘文静在潼关与隋将桑显部作战失利，军营已溃，段志玄率二十骑赴击，杀数十人而还。冲锋陷阵中，段志玄被流矢射中左脚，为了稳住军心，他不动声色，"更入贼阵者再三"，终于扭转了败局。

武勇"代表作"二：段志玄在洛阳城下与王世充大军交战，王世充军大败，匆匆往城内撤。段志玄杀得红了眼，跃马扬刀追着王世充的屁股打，深入敌军腹心，竟然马失前蹄，跌倒在地，被郑军两名骑将夹持着渡洛水。冷不防他奋然腾身跳起，将两骑将拉坠马下，然后夺过一匹马，急驰而归，数百骑尾追其后，但无人敢靠前！

牛人九：裴行俨。

裴行俨打仗勇猛凶狠，喜欢先行冲阵。《资治通鉴》说道："仁基子行俨，骁勇善战。"《隋书》称："行俨每有攻战，所当皆披靡，号为'万人敌'。"

牛人十：阚棱。

《旧唐书》记："阚棱，齐州临济人。善用大刀，长一丈，施两刃，名为陌刃，每一举，辄毙数人，前无当者。"

阚棱的兵器陌刀是唐朝特制的大刀，《唐六典》卷一六武库令丞职掌条记：刀之制有四，一曰仪刀，二曰障刀，三曰横刀，四曰陌刀，又称"断马剑"。这种刀为双刃，一丈多长，较重，约五十斤，杀伤力极大，一刀劈下，人马俱碎，但能使用的人不多，已失传，迄今无陌刀实物出土，其形状从唐郭子仪墓壁画可见。

阚棱在战场上的"代表作"是：杜伏威降唐后，辅公祏僭号反水，阚棱代表杜伏威前往征讨，在战场上脱下兜鍪，大喝一声："汝不识我邪？何敢来战！"辅公祏的部众知其武勇，却又多为其旧部，再无斗志，纷纷拜服在地。

牛人十一：杜伏威

杜伏威为章丘（今山东济南市）人氏，多谋善断，勇猛绝伦。

《新唐书》记其能力"代表作"：杜伏威与隋军激战于盐城（今江苏省盐城市）时，曾被乱箭射中额头。其瞋目怒吼："不杀汝，矢不拔！"率军驰入隋军阵内，"大呼冲击，众披靡，获所射将，使拔箭已，斩之，携其首入棱军示之，又杀数十人，遂大溃"。

牛人十二：李世民

《资治通鉴》记："世民与军头临淄段志玄自南原引兵驰下，冲老生陈，出其背，世民手杀数十人，两刀皆缺，流血满袖，洒之复战。"

牛人十三：王君廓。

《新唐书》记："王君廓，并州石艾人。少孤贫，为驵侩，无行，善盗。"其人曾在瓦岗李密帐下效力，后投唐，在会战洛阳王世充过程中，有"以十三人破贼万"的壮举，得唐高祖下诏嘉奖，称："自古以少制众，无有也！"

牛人十四：西门君仪妻王氏。

西门君仪是杜伏威的部将，其妻"王氏勇决多力"。杜伏威在海陵与大枭雄李子通争霸期间，曾身受重伤，跌落马下。危急之间，王氏从军中抢身而出，像拎小鸡一样，把杜伏威拎到自己的背上，"负伏威而走"，李子通部竟不能得手。

牛人十五：张公谨。

玄武门事变时，李建成、李元吉的部众来攻玄武门，兵锋甚盛。张公谨有勇力，独闭门以拒之。

牛人十六：李君羡。

李君羡跟从李世民讨刘武周及王世充等，"每战必单骑先锋陷阵"。

牛人十七：来整。

《隋书》称："整尤骁勇，善抚士众，讨击群盗，所向皆捷。诸贼甚惮之，为作歌曰：'长白山头百战场，十十五五把长枪，不畏官军十万众，只畏荣公第六郎。'"

牛人十八：杨玄感。

《隋书》称："玄感骁勇多力，每战亲运长矛，身先士卒，喑呜叱咤，所当者莫不震慑。论者方之项羽。"

牛人十九：苏定方。

《旧唐书》称："定方骁悍多力，胆气绝伦，年十余岁，随父讨捕，先登陷阵。父卒，郡守又令定方领兵，破贼首张金称于郡南，手斩金称，又破杨公卿于郡西，追奔二十余里，杀获甚众，乡党赖之。"

牛人二十：鱼俱罗。

《隋书》称："及遇贼，俱罗与数骑奔击，瞋目大呼，所当皆披靡，出左入右，往返若飞。"

说说在正史中留名的瓦岗英雄

先来按上瓦岗先后顺序把在正史中有名字记载的人员简单捋一捋。

翟让、翟弘、翟摩侯、邴元真、贾雄、单雄信、徐懋功、王伯当、王当仁、周文举、李公逸、齐国远、李如珪、秦叔宝、罗士信、程咬金、魏征、柴孝和、郑颋、裴仁基、裴行俨、房彦藻、杨德方、郑德韬、郝孝德、刘黑闼、房献伯、王君廓、张亮、李士才、魏六儿、李德谦、张迁、周比洮、李文相等等。

第一章 隋末枭雄

31

这些人上瓦岗经历大致如下：

翟让为东郡韦城县法司，犯事后越狱逃出，和哥哥翟弘、侄子翟摩侯，带上自己的下属县吏邴元真、贾雄，再纠合上好友单雄信、徐懋功扯起大旗上瓦岗做起了响马。

因为声势搞得很大，很快吸引了济阳大盗王伯当、王当仁、周文举、李公逸、齐国远、李如珪等人前来加盟。

山寨的声势虽然大，但还停留在响马的角色上。

李密上山后，对山寨进行了改组，并制订了战略目标，瓦岗军才渐渐有了打天下的气象。

瓦岗军初期最惊艳的军事行动是攻占荥阳。

此战，唬得隋炀帝打出了自己手里的王牌——名将张须陀前往救场。

哪料，李密巧妙设伏，不但全歼张须陀军，还斩了张须陀本人。

张须陀死后，其麾下大将秦叔宝、罗士信、程咬金、魏征等人也上了瓦岗。

此外，其他如柴孝和、郑颋、裴仁基、裴行俨、房彦藻、杨德方、郑德韬等隋朝官员因混不下去了，纷纷归附山寨。

各地义军也络绎不绝前来投奔，有山东郝孝德、刘黑闼，河北房献伯、王君廓、李士才，淮阳魏六儿、张亮、李德谦，谯郡张迁，上洛周比洮，魏郡李文相，等等。

山寨如此兴旺，李密内心不可避免地发生膨胀，其先是设坛建立政权，自称"魏公"，改元"永平"，后来又挑起内讧，杀死了翟让，清除了翟氏集团。

集团内部发生了火拼，人心就散了。

不久，李密与王世充争锋，大败。

吃了败仗的李密和王伯当一起投唐，却又不甘于寄人篱下，意欲发起叛乱，结果两人双双被斩。

李密败亡后，许多瓦岗人投降了王世充，比如单雄信、郑颋、裴仁基、裴行俨、秦叔宝、罗士信、程咬金等。

当然，也有一部分人陆陆续续投入了李唐阵营，如徐懋功、张亮、王君廓、魏征等。

秦叔宝、罗士信、程咬金几个在王世充手下混了一段时间，觉得王世充不具备人主之相，转而改投了李唐。

李唐与王世充相争，则原来同在瓦岗吃饭喝酒的人各为其主，大打出手。

这也是民间流传"宁学桃园三结义，不学瓦岗一炉香"俗语的来由。

不过，史书明确记载，刘关张三人曾"入则同卧，出则同坐"，的确情同兄弟，而瓦岗众人间是否有深厚感情，就不得而知了。

唯一可以肯定的是，秦叔宝、罗士信、程咬金这几个，原先都是张须陀的手下，一起上瓦岗，一起投唐，感情应该不错。

单雄信、徐懋功上瓦岗前，已经是很要好的朋友，李密与翟让火拼时，徐懋功差点被杀，是单雄信向李密苦苦哀求，才得以保全其性命。

而王世充集团崩盘，单雄信被擒，徐懋功也曾向李世民苦苦哀求，希望能保全单雄信性命。遭到李世民拒绝后，他在法场上送别单雄信，史书特地记了一个细节：徐懋功从自己的大腿割了一块肉交给单雄信咀嚼，并承诺养育单雄信的遗孤，很让人感动。

在正史记载中，瓦岗成员间的另一次厮杀，是刘黑闼在河北的作乱。

刘黑闼围城捉到罗士信后，并未手下留情，立刻将之斩杀。

而刘黑闼后来被李世民俘获，也未有任何瓦岗旧交为之求情。

可见，真实的历史比演义小说更残酷，所谓"瓦岗兄弟"，只是小说家的臆想，实际上，很多曾经同在瓦岗生活过的人应该并没什么交情，甚至没有什么交集。

最后补充一下，秦叔宝、程咬金、魏征、徐懋功、张亮等人后来都位列凌烟阁二十四功臣。其中的徐懋功名为世勣，字为懋功，投唐后，多有战功，得李渊赐姓李，后李世民即位，为避讳，改称李勣。

李勣与李靖并称初唐两大名将。

还有，裴仁基、裴行俨父子和郑颋等人投王世充后，遭受猜疑，被王世充杀害。而裴仁基有一遗腹子，叫裴行俭，后来也成为一代名将。

 ## 凭啥说宁学桃园三结义，不学瓦岗一炉香？

旧社会道上的人义结金兰，往往都是在刘关张画像前恭恭敬敬地焚香跪拜，喝血酒，起盟誓，不求同年同月同日生，只求同年同月同日死！

大伙都说，宁学桃园三结义，不学瓦岗一炉香！

桃园结义刘关张哥仨儿真没说的，真兄弟，有情有义！

《三国演义》里写他们情深似海，久别后重逢于古城一段直接看哭了许多人。

而当关云长麦城失路，张飞索孝衣遇刺，更让人哭得天昏地暗。

两位义弟相继死于非命，刘备瞬时崩溃，方寸大乱，不管不顾，举倾国之兵向东吴复仇。

在刘备看来，即便是输掉天下，也要酬答当年桃园的誓言：不求同年同月同日生，只求同年同月同日死！

这是《三国演义》里最感人至深的情节，无数英雄豪杰读之动容，闻之落泪。

历史上，刘关张结义与否，史不见载，但他们的情谊已胜似亲兄弟。

史书里记他们早年"入则同卧，出则同坐"，形影不离，推心置腹。

而他们的死，也几乎与《三国演义》里写的一模一样。

所以说，桃园结义刘关张哥仨儿，绝对当得上天下所有金兰结义的人所效仿的对象。

相对而言，《说唐》里写瓦岗英雄四十六人在贾家楼结义，虽然也口口声声称"不求同年同月同日生，只求同年同月同日死"，但四十六人中，彼此间缺乏互相了解，谈不上真正的兄弟情谊。比如，秦琼母亲大寿之日，单雄信和罗成一言不合，就在寿宴上大打出手，犹如疯狗互咬。可以说，瓦岗结义一炉香，根本就是场闹剧。他们最终的结局就是有福共同享，大难来了各自飞，你干你的，我干我的，不在背后捅刀子就是念旧情了。

因此，结义拜把，绝不可学瓦岗一炉香。

用清朝学者章学诚的话来说，"《三国演义》乃七实三虚惑乱观者"，即《三国演义》写的人物和情节大部分为史实。而《说唐》除了借用了隋唐年间的部分人名外，所写情节基本是胡编乱造，并不属实。

比如说，其所写结义四十六人中有徐懋功（徐世勣）、魏征、秦琼、单雄信、程咬金、王伯当，这些人的确在瓦岗寨共同生活过一段时间，但并无结义的记载。其余的张公谨、史大奈、屈突通、盛彦师、柴绍等人，绝对不是一条道上的人。张公谨、盛彦师和柴绍是李渊在太原起兵时的部属，屈突通是隋朝守潼关的老将，而史大奈根本就是送马助李渊取长安的东突厥使者。其他诸如尉迟南、尉迟北、鲁明星、鲁明月、南延平、北延道这些人，一看名字就是捏造的，史无其人。

那么，尽管不存在瓦岗一炉香结义的事，但瓦岗群豪中，有没有男儿间的真兄弟情呢？

有的。

比如徐世勣和单雄信。

下面说一说他们的故事。

单雄信是曹州济阴（今山东菏泽市曹县西北）人，长得五大三粗，骁勇生猛，武艺高强，精于骑射，善使马槊。与同郡人徐世勣关系友好，誓同生死。

一开始，单雄信没有别的营生，有事没事聚集一帮不明身份的少年以喝酒、赌博、击槊为乐，依仗朋友东郡法曹翟让充当保护伞，时不时做些不法勾当。

翟让犯罪后，上了瓦岗山落草。

单雄信没有别的路，也啸聚起百十人，招呼徐世勣一起投奔翟让，拥翟让做带头大哥。

徐世勣乃是隋唐年间重量级的人物。

若干年后，功成名就的徐世勣曾不无自豪地说："我年十二三为无赖贼，逢人则杀；十四五为难当贼，有所不快者，无不杀之；十七八为好贼，上阵乃杀人；年二十，便为天下大将，用兵以救人死。"

徐世勣是单雄信的至交，订有生死约，家资颇丰，接了单雄信的邀请函，二话不说，散尽家财，跟着上山了。这一年，他才十七岁。

翟让武勇有余，智略不足，瓦岗山上的大权倾斜向另一个领袖——李密。

翟让的哥哥翟弘不甘心，不断在翟让的耳边吹风，要翟让除掉李密。

这引起了李密的警觉。

于是，二虎相争的局面一触即发。

公元 617 年十一月，李密先下手为强。

当日，天大寒，细雪飘飞，李密派人邀请翟让，包括徐世勣、单雄信、王伯当等人到自己的住处喝酒。

酒过三巡，李密出示良弓，让翟让鉴赏。

翟让端弓细赏，让人取箭，出庭院试射。

哪料弓尚未拉开，李密暗伏的甲士突然闪出，"飕"的一声，刀光一闪，就把翟让的半边脑壳砍飞了。

被杀的还有翟弘、翟摩侯和另外几个亲信。

单雄信见势不好，马上俯下身子告饶。

徐世勣转身夺路欲逃，却躲不过身后砍来的一刀，翻身倒地，眼看第二刀就要砍下的时候，王伯当喝住了。

李密爱惜徐世勣的将才，上前亲手为他裹伤止血。

徐世勣因此感念李密眷顾之恩，自瓦岗出镇黎阳仓后，兢兢业业，苦心经营。

李密在北邙山遭遇大败，西入潼关投奔了李渊。

李渊随即派人到黎阳招降徐世勣。

徐世勣义肝侠胆，对来使说："这里的人众土宇，皆属李密所有，我如果将之当作我的私有财产呈献给唐朝换取富贵，是利主之败成己功，我实不齿为之。现在我虽然决定归附唐王朝，但这里的郡县、户籍、人口、军队、马匹等清单，劳烦你帮我送报李密，由他去向唐王朝呈献，我降唐，只代表我徐世勣个人。"

徐世勣此举，让李渊受到极大的震撼，感慨万分地说："徐世勣，真纯臣也。"

回头，李渊赐徐世勣姓李，是为李世勣。

李密入唐又复反唐，与王伯当一道，于陆浑县南邢公岘（今河南省卢氏县官道口镇的邢公山）被李渊的部将盛彦师伏杀。

李世勣痛哭之余，上表请李渊批准自己把李、王的尸首缝合，并以君臣之礼厚葬。

归葬之日，"三军缟素"，李世勣一身重孝，以君礼将李密葬于黎阳山南五里的地方，坟高七仞。从前僚属旧臣将士齐声痛哭，李世勣更是泣至吐血。

王世充在北邙山大破李密，招降了许多瓦岗将领，其中就有单雄信。

公元619年，王世充自立称帝，国号郑，年号开明，与李唐势不两立。

这样，唐军就在洛阳与王世充展开了旷日持久的鏖战。

公元621年五月，李世民击败王世充，亡郑，进入洛阳宫城，命人将以单雄信为首的十几名重要战犯押赴洛水河畔斩首。

李世勣出面为单雄信求情，说："单雄信并非大奸大恶之人，且武艺绝伦，若收之于合死之中，必大感恩，堪为国家尽命。"

在遭到拒绝后，李世勣仍"请以官爵赎之"，愿用自己所有的功劳来换单雄信的一条活命。

答案仍是拒绝。

李世勣只好备了好酒好菜到监狱里为单雄信送别。

看到李世勣泪流满面地出现，单雄信什么都明白了，惨然笑着说："我就知道这事是谁也办不了的。"

李世勣哽咽着说："你明天就要死了，按照当年我们的誓言，我不应独活，但倘若我俩都死了，谁来照顾你的妻儿老小？"

单雄信默然。

突然，李世勣卷起裤管，抽出腰刀，手起刀落，在大腿上割下一块肉，鲜血如注，可是，他哼也不哼，把血淋淋的肉递给单雄信，说："你吃了这块肉，让它跟随你入土，也算我没有违背当年的誓言。"

"好！好！好！果然是好兄弟！也不枉我们相交一场！"单雄信热泪盈眶，大声赞着，把肉塞入嘴里，大口咀嚼……

看看，李世勣与单雄信这份兄弟情虽然不能与刘关张相提并论，却也是世上难得的珍贵情谊。

超级军神李靖有多厉害？

下面先简单说说这位军神的厉害之处，尽管这会花费一点篇幅。

公元760年的唐朝肃宗时代，肃宗曾把李靖列为历史上十大名将之一，并配享于武成王（姜太公）庙。

日本畅销小说作家田中芳树曾在杂志上做了一项有趣的调查：由读者投票公开评选中国历代百大名将。

每一个人心中都有自己的百大名将人选，可是，不论是哪一种版本，李靖都不会落选。

按照田中芳树的评选标准（不包括登上帝位的、不包括清朝灭亡之后的、不包括治军能力有问题和残杀百姓的），凭借名气和战绩，一共评选出九十九人。

从这九十九人中，再选出十名拥有卓越的军事才能，创造了伟大的军事业绩，并且对后世军事思想产生重大影响的佼佼者，是为中国历代十大名将。他们分别是：

吴起、白起、韩信、霍去病、班超、曹操、李靖、徐世勣、岳飞、徐达。

历史中的李靖，"兼资文武，出将入相"，"南平吴会，北清沙漠，西定慕容"，身经百战，未尝一败，李世民赞他武功"古今所未有"。

公元630年，李靖提师亲征，生擒颉利可汗，夷灭东突厥。李世民兴奋地称赞说："李陵以步卒五千绝漠，然卒降匈奴，其功尚得书竹帛。靖以骑三千，喋血虏庭，遂取定襄，古未有辈，足澡吾渭水之耻矣！"

李渊也激动地赞叹道："汉高祖困白登，不能报；今我子能灭突厥，吾托付得人，复何忧哉！"

夷灭东突厥，这是李靖为唐朝立下的第一大边功，也是自古以来汉族与北方民族作战所从未有过的丰功伟绩！

突厥颉利可汗部落覆灭后，唐朝北方边境从此晏然无事，周边少数民族部落纷纷向唐朝称臣，李世民的"天可汗"大时代来临。

不久，李靖又用了短短半年的时间歼灭吐谷浑部落，平定了西北边疆。

所谓平番灭国之功，前无古人，后无来者！

晚年的李靖在家闲居，曾著兵书以遣永昼，为后世留下了弥足珍贵的文字资料。

据传，其兵书名为《李卫公兵法》或《卫公兵法》，可惜已经散佚不少，只在杜佑的《通典》和《太平御览》中保留了部分文字。后世流传的《李卫公兵法》其实是清人汪宗沂根据《通典》和《太平御览》中保留下的这些文字，再结合《旧唐书·经籍志》和《新唐书·艺文志》收录的《李靖六军镜》三卷，收集成册重新编订的。

而对于李靖军事思想阐述最为详细、对后世军事家影响最大的，则是《李卫公问对》。这部书也称《唐太宗李卫公问对》，分为上、中、下三卷，书中以唐太宗提出的问题为中心，由李靖一一做出回答，主要是围绕军事学上的奇正问题展开了深入浅出的讨论。除了奇正问题，唐太宗还详细询问了李靖所创的"六花阵"法。

尽管有人怀疑这部书是北宋人阮逸拟作和假托，但其中仍不乏真知灼见，极具参考价值和研究价值，称得上兵法中的经典之作。

宋神宗于元丰三年（公元 1080 年）令朱服、何去非等人校订编辑《武经七书》，《唐太宗李卫公问对》作为其中之一正式成为后世兵家的必读教科书。

《宋史》卷二〇七《艺文志六》著录还有李靖兵法多种：《韬钤秘术》一卷，《韬钤总要》三卷，《卫国公手记》一卷，《李靖六军镜》一卷，《李靖兵钤新书》一卷，但北宋神宗时已经散佚。

成书于公元 1042 年的《崇文总目》则录有《李靖行述》一卷、《韬钤秘录》五卷和《卫国公手记》一卷。

公元 640 年，李靖的妻子去世。李世民降诏举国哀悼，让人依照西汉名将卫青、霍去病旧例把李靖夫妇的坟墓修建在自己的陵墓昭陵旁边，筑成突厥铁山和吐谷浑积石山形状，表彰李靖的赫赫功绩。

不久，李世民又降诏，令画师画李靖等二十四人的图像悬挂于凌烟阁。

九年后（公元 649 年），李靖病逝，享年七十九岁，和夫人合葬。

李靖的一生是传奇的一生，李靖的战功是近乎神话一样完美的战功。

所以，李靖死后，关于他的传奇故事不但没被人们淡忘，反而越来越被后世敬仰和传颂。传说中，他死后经常显灵，为百姓扶危济困，百姓为其建庙供奉，于是到晚唐时候，李靖渐渐被神化了。

现在，不少人经过研究后认为，《西游记》和《封神演义》中托塔天王的原型就是军神李靖。

相传，唐玄宗李隆基就曾多次在公开场合宣称自己得多闻天王相助大破番军，所以多闻天王（毗沙门）成了军中保护神。城楼上、军营中都开始兴建天王堂、天王庙，军旗上也常画天王像。在风行一时的毗沙门信奉热中，人们自觉或不自觉地把托塔天王毗沙门与李靖联系在一起，认为当年的李靖就是毗沙门的转世，随着时间的推移李靖就成了托塔天王的形象代表。

　　即便在没成为托塔天王的许多民间传说里，李靖也总被演绎为能够呼风唤雨、撒豆成兵、金丹救命、飞剑杀人的神仙。

　　影响力比较大的便是《说唐》。

　　李靖在《说唐》里的第一次出场是在第十二回《李药师预言祸变，柴郡马大耍行头》，书中写他"是京兆三原坊人氏，姓李名靖，号药师，是林澹然徒弟，善能呼风唤雨，驾雾腾云，知过去未来，为越公府中主簿"。

　　后来在第五十四回《李药师计败五王，高唐草射破飞钹》又出场，用灵丹妙药医治好被妖僧飞钹打伤的唐兵唐将，又用女人生产时流下的血染过的稻草破敌人妖法，后来云游远走前，还免费送了一包仙福牌的药粉给尉迟敬德，说是留作来日御果园护主时洗澡用……

　　《说唐》里面，李靖属于神仙一级的人物，如云中神龙，东一鳞西一爪，首尾不现，比半人半仙的徐懋功高多了。

　　以李靖为主角的小说中最著名的是杜光庭的《虬髯客传》。

　　在书中，李靖得红拂，遇虬髯客，际会风尘三侠，极富传奇色彩。

　　李靖之与红拂女，美女识英雄，英雄遇美女，千古佳话！

　　所谓："非一妹不能识李郎，非李郎不能遇一妹！"

　　关于李靖的"风尘三侠"系列除了《虬髯客传》外，比较有名的还有明代张凤翼的《红拂记》和张太和的《红拂记》以及凌蒙初的《虬髯翁》。

　　超级军神李靖李药师，以不世的谋略建不世的奇功，千百年来为人们所传颂。

第二章　大唐初开

 为何称李渊"高祖"而不称"太祖"?

的确,同是开国皇帝,有的称"高祖",有的称"太祖",太混乱了。

其实,不但我们现代人混乱,古代人也很混乱。

中国是个礼仪之邦,讲究尊长爱幼。

尊长的"长",包括年纪比自己大的长辈,也包括地位比自己高的人群。

尊长的"尊",既要表现在行动上,也要表现在语言上。

在语言上,首先要懂得避讳,不可以随便直呼"长者"的名字。

这么一来,作为全天下地位最尊崇的人——皇帝,是没有人可以直呼他的名字的。

臣子和皇帝讨论问题，当着他的面，可以称他为"吾皇""陛下""圣上"；在背后谈及他时，仍然可以称他"吾皇""陛下""圣上"称"今上"。这都是没有问题的。

但是，皇帝驾崩了，臣子或后人要谈论到这个皇帝，就不能再用"吾皇""陛下""圣上"，或者"今上"这样的字眼了，因为，皇帝驾崩后又有新皇帝继位，"吾皇""陛下""圣上""今上"的称呼得转用到新皇帝身上。

所以，称呼已经驾崩的皇帝得称其庙号或谥号。

庙号制度始于商朝，商人重祭祀，会为死去的帝王建家庙祭祀，并给该帝王追尊庙号。

庙号最初只有四种：太、高、世、中。"太"为创基立业；"高"为功高盖世；"世"为世代祭祀；"中"为中兴基业。

谥号制度则始于周朝，纣王无道，武王替天行道，革成汤殷商之命，不设庙号，对死去的帝王，由臣子结合其一生功过予以评价上谥号。

周朝有谥无庙。

秦始皇一统宇内，认为谥号是"子议父、臣议君"，属以下犯上，予以废除，自上尊号始皇帝，其后代称二世、三世以至世世代代。

到了汉朝，既恢复了谥号，也恢复了庙号，尤其重视庙号，认为有功德者才配享庙号，故汉代皇帝都有谥号，却有相当部分没有庙号。

刘邦有功有德，庙号为"太祖"，谥号"高皇帝"。

这一点，《史记·高祖本纪第八》很清楚地记述了给刘邦确定庙号和谥号的过程："丙寅，葬。己巳，立太子，至太上皇庙。群臣皆曰：高祖起微细，拨乱世反之正，平定天下，为汉太祖，功最高。上尊号为高皇帝。太子袭号为皇帝，孝惠帝也。令郡国诸侯各立高祖庙，以岁时祠。"

可见，后人对刘邦的准确称呼应该是"汉太祖高皇帝"。

之所以被称为"高祖"或"汉高祖",全赖司马迁。

事情是这样的,中国人对祖先的排序,按《尔雅·释亲》的解释:"生己者为父母,父之父为祖(即祖父),祖父之父为曾祖,曾祖之父为高祖,高祖之父为天祖,天祖之父为烈祖,烈祖之父为太祖,太祖之父为远祖,远祖之父为鼻祖。"即从自己往前排,祖宗的辈分依次是:父亲,祖父,曾祖,高祖,天祖,烈祖,太祖,远祖,鼻祖。

前面也说了,商朝庙号制度里,只有"太、高、世、中"四种,原本是没有"高祖"这一项的。

司马迁时代的"今上"是汉武帝刘彻,汉武帝刘彻的父亲是汉景帝刘启,汉景帝的父亲是汉文帝刘恒,汉文帝刘恒的父亲就是刘邦,刘邦的父亲是刘太公。按上面《尔雅·释亲》的解释,汉武帝刘彻要称呼刘太公为高祖。但是《尔雅》上文郭注曰:"高者,言在最上。"《周书·康王之诰》又有"无坏我高祖寡命"的说法。在《周书·康王之诰》中,高祖指的是文王、武王。周康王把曾祖父周文王、祖父周武王一概称为"高祖",那是因为他们是周朝的肇基业者,上最上之尊称。有周礼可以援引,汉武帝就称曾祖父刘邦为"高祖"。司马迁和其他武帝朝的大臣也就跟着汉武帝刘彻来称呼刘邦为"高祖",给刘邦写的本纪也写作《高祖本纪》。

而东汉班固在写汉书时,没有跟着汉武帝称呼刘邦为"高祖",《高祖本纪》改成了《高帝本纪》。

《汉书·高帝纪第一下》在记述群臣给刘邦确定庙号和谥号的过程时,也把"高祖起细微"一语改为了"帝起细微"。

不管怎么样,经过司马迁这么一来,后人都弄混了,以为刘邦的庙号是"高祖","太祖"被误认成是"高祖"。

当然,也有研究史学的人认真研读了《史记》《汉书》,知道刘邦真正的庙号是"太祖",但没注意到被写成"高祖"的来由,于是乎,很长一段时间,"高祖"和"太祖"就画等号了。

即使不画等号，也弄得很混，认为这是两个不同的庙号，或者是先有太祖，再有高祖；又或者是先有高祖，再有太祖。

比如汉朝之后的曹魏政权，曹操庙号为"太祖"，曹丕庙号为"高祖"。

而到了晋朝，情况反过来了，司马懿庙号为"高祖"，司马昭庙号为"太祖"。

十六国时期，后赵石勒庙号为"高祖"，石虎庙号为"太祖"；前秦苻洪庙号为"太祖"，苻健庙号为"高祖"。

南北朝时，刘裕庙号为"高祖"，刘义隆庙号为"太祖"；南梁萧衍庙号为"高祖"，其父亲萧顺之庙号为"太祖"；南陈陈霸先庙号为"高祖"，其父亲陈文赞庙号为"太祖"。北齐高欢的庙号最初是"太祖"，后来又改为"高祖"。

隋朝杨坚庙号为"高祖"，其父亲杨忠庙号为"太祖"。

唐朝李渊庙号为"高祖"，其父亲李虎庙号为"太祖"。

到了五代，像朱温、李克用、郭威等庙号为"太祖"，石敬瑭、刘知远等庙号为"高祖"……

一句话，"高祖"和"太祖"没什么严格区分，那些"始受封为太祖，始受命为高祖"的解释根本说不通。

不过，自宋朝而后，就只有"太祖"而没有"高祖"出现了。

但到了清朝，一下子涌出了很多"祖"，有"肇祖原皇帝"孟特穆、"兴祖直皇帝"福满、"景祖翼皇帝"觉昌安、"显祖宣皇帝"塔克世、"太祖皇帝"努尔哈赤、"世祖章皇帝"福临、"圣祖仁皇帝"玄烨。

清朝为什么要这么多"祖"？

《孔子家语》说了"祖有功而宗有德"，即有功曰祖，有德曰宗，"祖"有别于"宗"，称"祖"者，功多于德。清朝皇帝称"祖"者多，即是想表达清朝建立的伟业多啊。

李渊错杀了一个人，致使战乱迭起

大唐开国，秦王李世民东征西讨，略定四方，其最得意之战，莫过于"围洛打援"，以正兵围困洛阳城内的郑王王世充，以奇兵在虎牢关阻击河北夏王窦建德，一举擒两王。

此战，在中国军事史乃至世界军事史上都大放异彩，成了军事教科书上的必备章节。

李世民进入洛阳宫城，吩咐记室房玄龄入中书、门下省收隋朝的图籍制诏，安排萧瑀和窦轨等人封存府库，清点好金帛，发放犒赏将士。

然后把段达、王隆、崔洪丹、薛德音、杨汪、孟孝义、单雄信、杨公卿、郭什柱、郭士衡、董睿、张童儿、王德仁、朱粲、郭善才等十几名战犯押赴洛水河畔斩首。

这十几名要犯中，大多数是罪大恶极之徒。

比如其中的朱粲，就是活脱脱的"人间恶魔"。他烧杀掳掠，嗜吃人肉，荼毒生灵，伤天害理，人神共愤，被斩。

围观的百姓争相向朱粲的尸身拍板砖，不一会儿，尸烂如肉泥，跟着，瓦石堆积如山，洛阳上下拍手称善，人心大快！

又比如其中的段达，此人曾经在杨广手下为虎作伥，残害忠良，后来又成了王世充的帮凶，并且是杀害皇泰主杨侗的直接凶手，被斩。

……

不过，其中的薛德音仅仅因为草拟过一份对抗大唐的檄文，崔洪丹仅仅因为制造出杀伤力超大的巨型弓弩，单雄信仅仅因为在北魏宣武陵前向李世民刺出罪恶的一槊，就被列入这"罪大恶极"的行列，就有些过了。

和小说和戏曲里面的人设一样，历史上的单雄信英武神勇、豪侠仗义，聚啸山林，雄霸江湖，讲情义，重然诺，赢得了三山五岳朋友的交口称赞，在天下各路劫富济贫的英雄里独一份。后来和发小李世勣、翟让等人聚义瓦岗寨，成为天下反隋组织中的一大势力。

单雄信临刑，李世勣向李世民求情，却遭到了李世民的断然拒绝。

李世勣为单雄信送行一幕，感动了许多人。

实际上，秦王李世民麾下，瓦岗旧将那是一抓一大把，如秦叔宝、罗士信、程咬金等，这些人不可能没有任何想法。

观看行刑的普通民众也不断地窃窃私语。

如果说，斩杀单雄信，只是激起一个小涟漪，那么，不久后斩杀的另一个人，则激起了惊天巨浪。

李世民彻底平定王世充、窦建德所属全部地盘，凯旋长安城。

不日，李渊升殿面责王世充，罗列出十条罪状，将其贬为平民，全族流放巴蜀。同时，命人将窦建德安置于囚车上，当成祭品带到太庙告祭先祖，而后押出闹市斩首。

单雄信和窦建德的死，破了一个魔咒，大魔君从魔戒里横空跳出！

这个大魔君和单雄信一样，同是瓦岗旧将，另外，他还有一个身份：窦建德的儿时好友。

窦建德在河北起事，刘黑闼从瓦岗改投好伙伴，成了夏国的大将军，汉东郡公。

刘黑闼在窦建德麾下效力的日子里，遍游诸敌，善观时变，骁勇善战，率兵东征西击，少有败绩，军中称为"神勇将军"。

窦建德被擒，窦建德夫人曹氏捧玺举国降唐，刘黑闼二话不说，解甲归田，侍弄庄稼，过起了农耕生活。

这并不是他的性格。

史书上载刘黑闼"无赖，嗜酒，好博弈，不治产业，父兄患之"。就因为不务正业，所以家贫，难以维持生计，从而经常得到窦建德的接济。可是，每拿到好朋友的资助后，他都会很快地将钱挥霍掉，最后才不得不走上了亡命江湖、刀口上讨饭的生活。

现在之所以安心地回家耕种，是因为牵挂着窦建德的安危。

"只要我们解除了武装归隐田园，不会对他们构成威胁，他们就不会为难窦大哥了。"

这是刘黑闼简单而纯真的想法。

可是，他错了。

他没能等回自己心爱的窦大哥，只等到了窦大哥被斩首的消息。

刘黑闼惊呆了！

夏王窦建德在长安被斩首后，李渊随即派出接收大员前来河北：陈君宾为洺州刺史，郑善果为慰抚大使，秦武通驻防洺州。

陈君宾不就是李渊最早安排在邢州（今河北邢台市）的那个总管吗？

前年窦大哥大破邢州时，曾生擒活捉过他，按照大伙当时的意思，把他砍了算了，可是宽厚的窦大哥把他放了。

郑善果，也是老熟人了，这厮本来是杨广的大理卿，后来竟然从了宇文化及，做宇文化及的民部尚书，由扬州一路北上，在聊城被窦大哥生擒。想不到，窦大哥释放他以后，他居然又跑路到了李渊手下混饭吃。

……

这样一帮人，现在狐假虎威，都回来了。

刘黑闼突然想到，如果窦大哥被俘之后，我们拥立新主，重整河山，也许李渊父子投鼠忌器，不会杀窦大哥，现在，人家是刀俎，我们却成了任人宰割的鱼肉！

不但刘黑闼这样认为，夏国旧臣中的许多人也因为窦建德的死，开始如梦初醒，追悔莫及。

窦建德的死讯，犹如一颗重磅炸弹，在河北大地爆炸了。

刘黑闼等大夏将领之前没有反对曹氏投降，也没有继续反抗，想法只有一个：希望这样做能换回他们所尊敬爱戴的窦大哥。

所以，他们自动地解散了，在山里田间隐居，等候着窦大哥生还的消息。

可是，现在，窦大哥死了。

而且，李渊派来的官员竟然在四处搜捕曾经的夏国的部众，抓住了就进行严刑拷打。

高雅贤、王小胡家在洺州，被追捕得很急，两人仓皇出逃，亡命到了贝州。

而在贝州的范愿、董康买、曹湛等人已经在同一时间接到了李渊发来的通告，要求收到通告即日起，马上到长安报到。

对于李渊的通告，刘黑闼等夏国将领皆认为是一个诱敌之计，意图将他们聚在一起，一网打尽。

统一了思想后，众人歃血为盟，誓与李渊斗争到底！

第二天，刘黑闼竖起了为夏王复仇的大旗，乡里马上有百余人跳起来响应。

七月十九日，刘黑闼率众以迅雷不及掩耳之势攻占漳南县城，拉开了二次反唐的序幕。

这个时候距夏王窦建德遇难仅仅八天。

消息传到长安，李渊感到相当意外，赶紧下令在洺州设中央驻河北特遣政府——山东道行台，由淮安王李神通为山东道行台右仆射。同时，在魏州、冀州、定州、沧州等州府设置作战指挥部，把河北的行政架构改编为战时编制，试图四面合围，一举掐死这只秋后的蚂蚱。

可是，事实证明，窦建德的复仇大军并不是秋后的蚂蚱，而是浴火重生的凤凰、苍龙！

公元621年的中秋前后，河北境内风云变色，地撼山摇。

八月十二日，刘黑闼进击鄃县（今山东夏津县），唐魏州（今河北大名县东北）刺史权威、贝州（今河北清河县西）刺史戴元祥率部迎战，结果全军覆灭，权、戴二人阵亡，刘黑闼"尽收其器械及余众千余

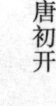

人"，士气大振，附近的夏王旧部，闻风来附，部众一下子上升到了两千人。

刘黑闼在漳南设坛，隆重地举行了告祭仪式，焚香向窦建德的在天之灵陈说自己举兵的本意，祈天保佑，然后宣布自己为大将军。

十天后，刘黑闼攻破历亭（今山东武城县东），生擒唐屯卫将军王行敏。

痛定思痛，李渊下诏征发关中的三千禁卫军精锐，由大将秦武通、定州（今河北定州市）总管李玄通率领，会同幽州（今北京）总管罗艺从南北两面围剿刘黑闼。

然而，未等大军会合，在历亭大战的感染下，以徐圆朗为首的八州英豪云集景从纷纷汇入刘黑闼的反唐队伍。这八州分别是：兖州、郓州（今山东郓城县）、陈州（今河南淮阳县）、杞州（今河南杞县）、伊州（今河南汝州市）、洛州（今河南洛阳市东北）、曹州（今山东定陶区）、戴州（今山东金乡县）。

一时间，河北烽烟四起，复仇的熊熊烈火烧遍黄河两岸。

为了扑灭刘黑闼燃起的这场大火，李渊先后启用了太子李建成、齐王李元吉、秦王李世民领兵出征，打了两年多的仗，付出了数万将士的生命。

如果没有李世民之前处死单雄信、李渊之后处死窦建德的行为，其实，这场战争是完全可以避免的。

他曾擒杀天下第一反贼，却死得很冤

宋州虞城（今河南虞城县）人盛彦师是隋唐年间的一个牛人。

李渊从太原起兵，时为隋朝澄城长的盛彦师就看好李渊，率手下千余人赶到汾阴投入李唐集团，任行军总管，多有战功。

当然，盛彦师最为堪夸的战功是擒杀"天下第一反贼"李密。

李密与王世充争雄失败后，也投到了李唐阵营，但受到的待遇与期望值不符，又反唐出走山南。

盛彦师跟随史万宝镇守宜阳，李渊发指令要他们到山南狙击李密。

史万宝听了李密的名字，立刻吓尿了，一个劲儿地对盛彦师说："李密是出了名的骁贼，又有剧盗王伯当辅佐，他们这是谋定而后动，决策反叛，他手下的兵士东归心切，如果咱们没有十拿九稳的把握，轻易不要去碰他们。兵在死地，殆不可当。"

盛彦师却胸有成竹地说："我带数千人前往，必枭其首。"

史万宝面无人色地问："凭什么？说来听听。"

盛彦师严肃地回答道："兵者诡也，原谅我不能提前告诉你。"

不日，盛彦师领兵翻越了熊耳山南麓，在道路两边部署：弓弩手登高夹路埋伏，刀盾手在溪谷隐秘，叮嘱大家说："待贼半渡，一时齐发，弓弩手居高纵射，刀盾手趁乱出击。"

当时，有人就问他了："早听李密宣布要东入洛州，咱们却到这个荒山野岭埋伏，这不是南辕北辙吗？"

盛彦师说："李密扬言要去洛阳，其实是故意放的烟幕弹，他是想走襄城投奔张善相。等他入了谷口，我从后面追击，山路险隘，手脚展不开，他们只要有一个猛士殿后，全军就可从容脱逃。现在我提前入谷，给予他迎头痛击，一定擒之。"

事后证明，一切正如盛彦师所料。

盛彦师一击得手，饮誉中原，成就了一世威名。

但是，料敌有先机的盛彦师却死得很冤。

话说，李世民运用"围洛打援"之策一举击杀王世充、窦建德两大反王后，窦建德座下第一大将刘黑闼表示严重不服，在河北起兵，搞得烽烟四起。

当时，另一割据势力徐圆朗也正在谯州（今安徽亳州市）和杞州（今河南杞县）一带蠢蠢欲动。

李渊担心徐圆朗会跟刘黑闼联手，就派盛彦师去安抚徐圆朗，意图打破他和刘黑闼联合的企图。

可是，盛彦师尚未到任城，徐圆朗已经把生米做成熟饭了，和刘黑闼互通声气，自称鲁王，起兵反唐。

盛彦师来了，徐圆朗就把盛彦师捉了起来，请他喝酒吃饭。

饭饱酒足，让他写信劝降正在镇守虞城的弟弟，盛彦师诡异地一笑，执笔写道："吾奉使无状，为贼所擒，为臣不忠，誓之以死；汝善侍老母，勿以吾为念。"

徐圆朗勃然变色，但是盛彦师神情自若，镇定从容。

良久，徐圆朗笑了，说："盛将军有壮节，不可杀也。"

不杀却也不肯放，把他留在军营中好酒好菜招待着。

徐圆朗甚至还盘算着，过了年，托媒人给盛彦师说上房好媳妇，让他乐不思蜀。

刘黑闼被李唐平灭了，徐圆朗仍对刘黑闼制造出来的"以刘氏为主吉"的谶言深信不疑。河间人刘复礼哄徐圆朗说："彭城有刘世彻，才略不常，有异相，士大夫许其必王，将军不如奉他为王，号召天下，功无不济。"

徐圆朗于是屁颠颠地要派人迎刘世彻。

盛彦师冷笑说："将军如果真的要迎刘世彻，那好日子就到头了。"

徐圆朗被雷住了，一支筷子掉落在地上，惊问："此话怎么说？"

"你想想啊，刘世彻若做了王，请问，你徐圆朗的位置应该往哪儿摆？你没听说过李密杀翟让的故事吗？"

徐圆朗恍然大悟，对盛彦师感谢不已。

几天后，刘世彻率千余人来到了瑕丘，徐圆朗假仁假义地迎他入城，然后突然翻脸，收编了他的部队，三下两下，就把他给弄死了。

徐圆朗杀刘世彻自以为得计，其实是一步臭棋。

试想想，人家刘世彻没招你没惹你，是你自己说要奉人家为主的，人家来了，又要赖诬杀了人家，这是要整哪出？

人们一看徐圆朗是这么一个出尔反尔、凶残好杀的主，莫不寒心，人心遂散。

人心一散，队伍就不好带了。

不久，李唐进兵河南，几乎没费什么功夫就狂取十几城，平定了徐圆朗的大部分势力。

众叛亲离的徐圆朗在一个深夜带着几个随从骑马弃城逃逸，可惜他并没找到属于自己的那一条"华容道"，出城不远便被人杀死了。

看着唐朝军旗招展，盛彦师由衷地感到高兴，以为自己可以回家了。

然而，令盛彦师万万想不到的是，"贼平，彦师竟以罪赐死"，王师平定之日，接待他的竟是李唐赐死的毒酒一杯。

罪名是：俘而不自尽。

不知盛彦师垂死之际，有没有想起那个被他伏击身亡的李密？

在刻薄寡恩的李唐政府跟前，两个人终究殊途同归。

女版慕容复，先后嫁父子四人

读过金庸武侠小说《天龙八部》的人都知道，与乔峰齐名的姑苏慕容复是个为复国而生、为复国而狂、为复国而癫、为复国而死的悲剧人物。

为了复国，他废寝忘食，终日奔波于江湖之中；为了复国，他不顾儿女私情，狠心抛弃痴恋自己的"神仙姐姐"王语嫣；为了复国，他置恩信仁义于度外，无情地杀死了追随自己的心腹家臣；为了复国，他无视礼义廉耻，屈膝拜倒在段延庆跟前……

《天龙八部》全书就是以慕容复疯癫的场景来结束的："众人都悄悄退了开去。但见慕容复在土坟上南面而望，口中兀自喃喃不休。"

历史上，也有一个终日做着偏执而狂热复国梦的人，而且是个女人。

这个女人是隋朝宗室女。开皇十九年，隋文帝为发展与突厥的友好关系，将其封为义成公主，远送东突厥和亲，嫁给突厥首领启民可汗。

义成公主嫁启民可汗时才十几岁，而启民可汗已经是个不折不扣的老男人了。

大业三年，杨广曾带领五十万大军、十万匹战马北巡突厥。启民可汗和义成公主率领依附部落的酋长南下迎接。

见面的那一晚，鼓乐喧天，双方都沉浸在盛大而欢乐的氛围中。

启民可汗带头割下手臂上的肉献给隋炀帝，表示臣服。

隋炀帝的萧皇后则和义成公主咬着耳朵说悄悄话，仿佛总有说不完的秘密。

两年后，启民可汗死了。依照突厥习俗，义成公主嫁给了启民可汗的儿子始毕可汗。

始毕可汗是个野心家，而隋炀帝是个喜爱折腾的人。

隋炀帝可劲地建东都、开运河、征高句丽、通西域、游江都，搞得民穷财尽，天怒人怨，给始毕可汗提供了入侵的机会。

大业十一年，始毕可汗发动数十万人南下把隋炀帝团团围困在雁门郡城里。

隋炀帝眼看就要束手就擒，忽然想到了义成公主，赶紧派人前去联络。

义成公主当然不能坐视不理。她冒着被杀的危险，谎称突厥边境有情况，成功地骗走了始毕可汗，使隋炀帝从鬼门关前得以平安回来。

但义成公主救得了隋炀帝一时却救不了他一世。

不久，隋炀帝就在江都被宇文化及杀死了。

隋炀帝的遗孀——萧皇后也落到了宇文化及的手里。

宇文化及是个无能之辈，随即被农民起义领袖窦建德收拾了。

义成公主惊悉哥哥的死讯和嫂嫂的下落，便以突厥可汗的名义向窦建德要人。

窦建德不敢与兵强马壮的突厥人为敌，乖乖地将萧皇后送给了义成公主。

话说，野心家始毕可汗是个短命鬼，得暴病死后，义成公主按风俗嫁给了下一任可汗继承人——始毕可汗的弟弟处罗可汗。

后来，萧皇后到了突厥，也嫁给了处罗可汗，姑嫂共事一夫。但处罗可汗更加短命，娶义成公主还不足一年，也生病死了。

义成公主和萧皇后又成了处罗可汗的弟弟颉利可汗的女人。义成公主一直念念不忘要复国，日夜要为哥哥隋炀帝报仇。

经历多番磨难的萧皇后却很不以为然，她认为大唐开国，民心稳定，隋朝已经成了历史，要复国只能是做梦。

姑嫂之间由此产生了隔阂。

义成公主挑动突厥人一次次地进犯中原，给唐朝带来很大麻烦。

其中最险的一次，发生在武德九年。

那一年，李唐发生了玄武门之变。

义成公主在颉利可汗的枕边吹起了枕头风，说唐王朝政治局势不稳，正是出兵之机。

颉利可汗于是带领数十万骑兵南下，旋风一样杀到了离长安不远的渭水便桥。

初登帝位的李世民没有办法，只好硬起头皮，在渭水便桥上会见了颉利可汗，并把府库里所有钱财拿出来，送给突厥各部落首领。

颉利可汗目光短浅，见好就收，挥挥手，撤退了。

这一次，李唐王朝简直险过剃头。

也因为颉利可汗的撤兵，义成公主气了个半死。

这之后，义成公主再也没有任何复国的机会了。

贞观三年，北方的薛延陀、回纥等部背叛了突厥。

颉利可汗不得不东奔西走，率军镇压，异常狼狈。

这种情况下，唐王朝发起了迅猛而准确的一击——名将李靖突如其来地杀到突厥，当场处决了义成公主。

颉利可汗也成了李世民的"阶下囚"；萧皇后则被李世民封为昭容。

义成公主的故事才彻底画上句号。

绝代美女先后嫁了六位君主

"沉鱼落雁，闭月羞花"是中国古代文人给西施、王昭君、貂蝉、杨玉环四大美人的赞语，夸张地比喻她们的美超越了生物界和自然界，可以让鱼雁生惭，花月羞愧。

但这四人的容貌只盛开于短暂的青春华年，只见宠于一时。

历史上，还有一位美丽的女子，风华绝代，倾国倾城，是世上英雄豪杰的倾慕对象，是海内君主的毕生追求，却一生颠簸漂泊，充满了传奇色彩。

她，就是南朝后梁明帝萧岿的小女儿萧美娘。

占卜奇人袁天纲曾给萧美娘相面，开出的评语是：母仪天下，命带桃花。

萧美娘八岁那年，被隋文帝指定为二皇子杨广的王妃。

五年后，南朝梁灭亡，年方十三岁的萧美娘嫁入帝王之家，嫁给了二十五岁的杨广。

受萧美娘八字论断的鼓舞，野心勃勃的杨广在朝内积极运作，暗中培养自己的势力，最后如愿以偿，成为隋朝新一任皇帝。

萧美娘也就顺理成章地成为萧皇后。

登上了帝位的隋炀帝很快迷失了自我，荒淫无道，不理朝政，劳民伤财，最终引起天怒人怨，四海鼎沸，时局动荡。

隋炀帝第三次南下江都时，随御驾前往的宇文化及杀死了隋炀帝，登基当了皇帝，封萧美娘为淑妃。

宇文化及只是一个投机者，而非革命者。投机者的事业只能暂时，不能长久。

很快，宇文化及就被农民起义领袖窦建德打败。

窦建德在打败宇文化及前一年已建立了夏国，把萧美娘收入了自己的后宫。

远嫁到突厥和亲的隋炀帝的妹妹义成公主偶然得到了萧美娘的下落，派使者到夏国的都城乐寿要人。

突厥势力强大，窦建德不敢招惹，只好乖乖放人。

到了突厥，义成公主的夫君处罗可汗立刻被萧美娘的美貌吸引，二话不说，就把她纳为了可汗嫔妃。

短短一年后，处罗可汗去世，颉利可汗继位。

按照突厥风俗，颉利可汗要继承老可汗的所有财产，包括老可汗的全部妃子。

这样，萧美娘与义成公主姑嫂两人转嫁给了新可汗。

颉利可汗的年纪和萧美娘相仿，对萧美娘宠爱有加。

萧美娘因此认定，这个男人将是陪伴着自己走完人世旅途的人。

事情的发展，似乎也正与萧美娘所希望的一样，她与颉利可汗恩恩爱爱，过了十多年波澜不惊的平静生活。

然而，命运再一次跟她开起了玩笑。

贞观四年，大唐名将李靖举兵攻打突厥，俘获了萧美娘。

这时的萧美娘已经四十八岁了。

萧皇后入朝时，丝毫不显老态，身影婀娜多姿，眼神顾盼流离，仪态万千。

比她小了十七岁的唐太宗李世民对她一见倾心，不顾众人的反对，册封她为昭容。

在盛大的欢宴会上，唐太宗执着萧美娘的纤纤玉手，脉脉含情地问她："眼前的场景比隋朝又如何？"

萧美娘微微一笑，淡然回复说："陛下是盛世明君，为何要与亡国之君相提并论呢?"

这个回答让唐太宗耸然动容,从而对萧美娘的宠爱又多了几分。

在历尽种种坎坷与离乱之后,萧美娘终于找到了自己的最后归宿,在大唐后宫里度过了人生最后十八年岁月,安详地结束了一生。

 ## "昆明池政变"是史实,还是别人捏造?

唐太宗一生文治武功,堪称千古一帝。

但是,他有一个洗不掉的污点:发动了玄武门政变,诛兄杀弟,迫父退位。

对于这个污点,学者柏杨并不把罪恶都归咎于李世民。

他说:"这跟李世民不友不孝无关,专制政体病毒一旦发作,就是如此残酷野蛮,人在其中,身不由己,否则便轮到自己身陷虎口。"

的确,现在我们读史,不难发现其中的血腥和残酷。

比如,《资治通鉴》卷一百九十一就记载有多起李建成、李元吉欲在暗中加害李世民的记录。

一、李元吉曾对李建成直言要除掉李世民,说:"当为兄手刃之!"他是这么说的,也真是这么干的。某天,李世民跟随李渊前往李元吉府第,李元吉就安排了护军宇文宝埋伏在寝室里面,差点就刺杀了李世民。

二、李渊在京城南面设场围猎,太子李建成、秦王李世民和齐王李元吉都随同参与。李渊让他们骑马射猎,互角胜负。李建成有一匹胡马,膘肥体壮,但有尥蹶子的毛病。李建成假惺惺地将这匹胡马交给李世民说:"此马甚骏,能超数丈涧,弟善骑,试乘之。"李世民骑上追逐野鹿,在高速奔跑中,胡马忽然尥起后蹶,所幸李世民眼疾手快,早早飞身落地,躲过了灾难。

三、李建成通过后宫嫔妃向李渊诬陷李世民说:"秦王自言,我有天命,方为天下主,岂有浪死!"李渊怒不可遏,差点拿李世民下法司案验。

四、李元吉通过诬告秦王府车骑将军张亮图谋不轨，意欲牵引出李世民，但张亮是个硬汉子，硬是顶住了拷问。

五、李建成夜召李世民，饮酒而鸩之，当时，李世民暴心痛，吐血数升。

……

当然，最让人耸然动容的是所谓的"昆明池政变"。

关于这个政变的阴谋，《旧唐书·巢王元吉传》是这样记载的：

建成谓元吉曰："既得秦王精兵，统数万之众，吾与秦王至昆明池，于彼宴别，令壮士拉之于幕下，因云暴卒，主上谅无不信。吾当使人进说，令付吾国务。正位已后，以汝为太弟。敬德等既入汝手，一时坑之，孰敢不服？"率更丞王晊闻其谋，密告太宗。

即突厥人进侵，李元吉自告奋勇，领兵出击。他向李渊要过了李世民的精兵部将，认为已断李世民羽翼，自己又统领数万兵马，有恃无恐。他和李建成密谋，准备以饯行为名，拉李世民到昆明池宴饮，彼时，让埋伏在帷幕后的勇士将李世民一举击杀。李建成认为，到时候就向李渊解释说李世民是暴病死去的，谅李渊不会不信。他鼓动李元吉说："我再派人劝说父皇，要他把朝政交给我。登位以后，就立你为皇太弟。尉迟敬德等人已经落到你的手中，一并活埋掉，谁敢不服？"哪料，这番密谋被率更丞王晊全部听在耳里，飞报给了李世民。

但是，这个阴谋关系重大，司马光感到有些难以置信。他在《资治通鉴·考异》中说："建成等前鸩秦王，高祖已知之。今若明使壮士拉杀而欺云暴卒，高祖岂有肯信之理？此说殆同儿戏……事之虚实皆未可知，所谓疑以传疑也。"

基于这种理解，司马光在编纂《资治通鉴》时，基本照抄了李建成对李元吉说的话，但却是通过王晊向李世民告密的方式来转述的，至于真假，就交由读者自己判断了。

司马光作为一个大史学家,既然明确提出了自己的怀疑,肯定会影响到《资治通鉴》的绝大部分读者。

读者都会认为,玄武门事变后,李世民成了胜利者,后来登位,已掌握了绝对的话语权,那么,肯定会炮制出一系列无中生有的事件,把自己打扮成一个受害者,为给自己发起的玄武门行动披上一件正义的外衣。

大家怀疑不但所谓的"昆明池政变阴谋"根本不存在,甚至那些胡马尥蹶、饮酒鸩杀、后宫构陷等事件,全是李世民指使史官伪造出来的。

人们给出的理由似乎很充分:李建成已经是皇太子、国家的储君、帝国未来的接班人了,只要李渊蹬腿咽气,江山就是他的了,他哪犯得着惹是生非,处处设计谋杀李世民?

正常情况下,这种推理、这种逻辑是非常有道理的。

问题是,大唐开国,李世民的功劳太大了,所谓功高震主,他已经严重威胁到李建成的太子地位了,要说李建成完全没一点感受,肯定是假的。

即任何人坐在李建成的位置上,都不可能无视李世民的存在。

那么,为了清除掉来自李世民的威胁,就必须使出壮士断腕的手段。

这也就是柏杨所说的"专制政体病毒"了,该病毒一旦发作,就必定产生"不是你死、就是我亡"的严峻形势。

君不见,后世的清康熙朝太子胤礽,两立两废,两次在太子位期间,形势所迫,身不由己,不但有手足相残之念,还铤而走险,想发起宫廷政变,诛杀康熙,抢班夺权。

所以,说"你都已经是太子了,未来的皇位就是你的了,还争什么争"之类言论的人,只能说,见识太少了。

当然,司马光的怀疑,并不出于此。

司马光是觉得,先前李建成已有过一次鸩杀李世民失败的案例,如果在昆明池设鸿门宴刺杀李世民,回头又向李渊撒谎说是李世民患病暴卒，则一定骗不了李渊，所以，"此说殆同儿戏"。

司马光仅仅根据李渊"事后"不会相信"李世民患病暴卒"，从而就怀疑"昆明池政变阴谋"的存在性，其这一推断让人哑然失笑。

我们来看，玄武门事变，李建成和李元吉已经毙命，李世民"使尉迟敬德入宿卫"，尉迟敬德擐甲持矛，直奔李渊正在泛舟的海池。李渊大吃一惊，问："今日乱者谁邪？卿来此何为？"尉迟敬德声若洪钟地对答："秦王以太子、齐王作乱，举兵诛之，恐惊动陛下，遣臣宿卫。"诸位想想看，李渊是否相信尉迟敬德的回答呢？但是，事已至此，不相信又能如何？

同样道理，如果李建成的"昆明池政变"成功，他向李渊汇报"秦王已经患病暴卒"，李渊又能说什么呢？估计还是他在听了尉迟敬德对答后发出的那一声叹息："不图今日乃见此事，当如之何？"

所以，一旦政变成为既定事实，李渊的"信"与"不信"，已不重要了。

当然，也不能以"司马光的怀疑有没有道理"，从而得出"昆明池政变密谋"一定存在的结论。

"昆明池政变密谋"的存在，是可以从很多地方找得到依据的。

比如，李建成和李元吉在入朝前，李元吉有一种不祥预感，认为李世民可能会有什么非常举动，劝李建成集结军队静观其变。李建成自信满满地回答说："兵备已严，当与弟入参，自问消息。"

看看，"兵备已严"——李元吉劝李建成之前，李建成未必想到李世民会在该日采取行动，那他的"兵备已严"，我们应该理解为并非被动地"防"，而是主动地"击"，即是为"昆明池政变"做了周密的准备。

实际上，李建成说的"兵备已严"也并非虚言，当李世民甫一发难，东宫和齐王府将领的兵马立刻杀到了现场，反应速度之快，出人意料。所幸李世民的部将张公谨及时关闭了宫门，这才化险为夷。

第二章　大唐初开

还有，《资治通鉴》记：玄武门政变结束，李世民成了胜利者，让人带来李建成的洗马官魏征，生气地责问道："汝何为离间我兄弟？"魏征举止自若，从容作答："先太子早从征言，必无今日之祸。"魏征这话是什么意思？他在感叹：如果太子早一点听从我的建议，提前行动，他就不会落到这个下场了。

显然，魏征是痛心于李建成的"行动"开展得太晚了。

有多晚呢？

"昆明池政变密谋"就发生在玄武门之变的几天前啊！

种种迹象表明，"昆明池政变密谋"还真不是李世民指使史官捏造的。

 ## 唐初真正的"门神"不是秦琼和尉迟恭

贴门神是春节的习俗之一。

充当门神的两大神将传说是唐初开国功臣秦琼和尉迟恭。

传说的依据可参考《西游记》第十回《二将军宫门镇鬼，唐太宗地府还魂》。

说的是魏征梦游斩妖龙，妖龙死而魂未散，夜夜喧闹皇宫，唐太宗夜不能寐。

尉迟恭和秦琼自告奋勇，各取披挂，介胄整齐，执金瓜钺斧，在宫门外把守。

妖龙远远看见两位将军威风凛凛、杀气腾腾，不敢走近，落荒而去。

唐太宗虽得安宁，却又不忍二位将军辛苦，于是召来巧手丹青，摹画下他们的真容，贴于门上。

从此，两位英雄豪杰旧勋臣，"千年称户尉，万古作门神"。

不过，传说只是传说，实际上，真正在关键时刻充当过"门神"作用的，乃是另外两个人。

其中之一，就是凌烟阁二十四位功臣中，位列第十八位的郯国公张公谨。

大家都知道，唐太宗的生命中曾经出现过一扇决定他个人生死荣辱、天下走势的大门——玄武门。

《旧唐书》卷六十八《张公谨传》（《新唐书》卷八十九《张公谨传》同）云："（武德九年）六月四日，公谨与长孙无忌等九人伏于玄武门以俟变。及斩建成、元吉，其党来攻玄武门，兵锋甚盛。公谨有勇力，独闭门以拒之。"

李建成和李元吉进宫被杀，他们手下的党羽谢叔方、冯立率军前来搏杀，关键时刻，是张公谨关闭了城门，使"东宫、齐府精兵二千不得入"，帮助李世民奠定了胜局。

张公谨也因此在李世民登位后出任代州都督，封定远郡公，直至后来画像凌烟阁，风光无限。

但是，有一个明摆着的问题：当时埋伏在玄武门附近的，不过张公谨与长孙无忌等九人，单凭九个人，就算暂时关闭了大门，也不可能扛得住敌人的破坏与围攻。

另外，当日随同李世民进宫搏杀李建成、李元吉，以及控制皇宫，逼迫唐高祖李渊就范的还有七百二十名卫兵。这些人是如何顺利通过玄武门，从而进入皇宫的呢？

基本上，人们认为是监门将军敬君弘、中郎将吕世衡的功劳。

《旧唐书》卷一百八十七《忠义传上·敬君弘传》（《新唐书》卷一百九十一《忠义传·敬君弘传》同）记："武德中（敬君弘）为骠骑将军，掌屯营兵于玄武门，加授云麾将军。隐太子建成之诛也，其余党冯立、谢叔方率兵犯玄武门，君弘挺身出战，与中郎将吕世衡并遇害。太宗甚嗟赏之，赠君弘左屯卫大将军，世衡右骁卫将军。"

看，这两人负责守门，而且在冯立、谢叔方引军来攻时，出兵迎战，可惜不幸战死。

20 世纪初，法国汉学家伯希和从敦煌掠走了许多珍贵的敦煌文书，收藏在法国巴黎国家图书馆。史学大师陈寅恪为此专门到法国巴黎图书馆研究这些敦煌文书，发现了一卷李义府撰的《常何墓志铭》，考证出了常何才是关键人物。

根据唐朝的城门管理制度，每个城门共有三名守将，分别是：城门郎、监门将军、中郎将，如果要打开城门，需要这三个官员共同协作，对勘合符才能开门。

这么做的目的是三人相互制约，以保护皇宫的安全。

当时玄武门的城门郎是常何，中郎将是吕世衡，监门将军是敬君弘，但真正管理城门的是常何。

《常何墓志铭》中的记载是："（武德）七年，奉太宗令追入京，赐金刀子一枚，黄金卅挺，令于北门领健儿长上，仍以数十金刀子委公锡骁勇之夫，趋奉藩朝，参闻霸略，承解衣之厚遇，申绕帐（帐）之深诚。九年六月四日，令总北门之寄。"

据此可知，常何是李世民早在武德七年就布置在玄武门的一颗棋子，而在玄武门兵变当日，他又"总北门之寄"，即总领北门之屯军，所以，他才是关键人物。

陈寅恪指出："唐代守卫宫城北门之禁军，以其屯驻地关系之故，在政变之际，其向背最足为重轻。"

但是，对于这个关键人物，为何"旧史记载却殊多隐讳"呢？

原来，唐太宗即位后，不想让世人知道他在武德七年就有夺嫡之预谋，而精心炮制出玄武门兵变是临时自卫的假象，所以故意隐去了常何在该事件中的功绩，没有在凌烟阁记功，而另从他处弥补。

这样，常何本是隋末唐初的重要人物，却因此未能在两唐书中独立成传，仅在《马周传》《东夷传》《李密传》和《太宗本纪·下》中简略提及，语焉不详；《隋书》甚至对其人其事只字未提。

敦煌遗书中这卷《常何墓志铭》，无疑为后人研究常何其人及隋末唐初的政治史提供了宝贵材料。

可以这样说，常何在李世民武装入城时开门放行，张公谨在李建成援兵临近时关门拦截，很好地充当了"门神"的作用，他们才是货真价实的"门神"。

秦琼没参加玄武门事变

李世民很够意思，非常善待大唐开国功臣，尤其是跟随他发起玄武门事变的那一票哥们儿，全部高官厚禄供着养着，即使这些人中出现了刘弘基、长孙顺德之类的贪污巨头，并且是怙恶不悛、一贪再贪的惯犯，也都惯着宠着。

在参加玄武门事变的名单中，有人质疑并没有秦琼。

真是奇了怪了。

《旧唐书》和《新唐书》都有秦琼参加了玄武门事变的记载。

《旧唐书·太宗本纪》里面白纸黑字地记有："六月四日，太宗率长孙无忌、尉迟敬德、房玄龄、杜如晦、宇文士及、高士廉、侯君集、程知节、秦叔宝、段志玄、屈突通、张士贵等于玄武门诛之。"看清楚了，这里有秦叔宝的名字——叔宝，就是秦琼的字。

《旧唐书·秦琼列传》有记："六月四日，从诛建成、元吉。事宁，拜左武卫大将军，食实封七百户。"这篇传记的传主是秦琼，显然，"从诛"二字前面省略掉的主语就是秦琼，而且，后面那一句"事宁，拜左武卫大将军，食实封七百户"，也明摆着是参与了行动而获得了升官封赏。

《新唐书·秦琼列传》则记："及平隐、巢，功拜左武卫大将军，实封七百户。"隐，是指隐太子李建成，巢是指巢王李元吉，可见，这条记载和《旧唐书·秦琼列传》里面的记载是一样的。

两本权威正史都记载了秦琼参与了玄武门事变，那为什么还有人坚持认为他没有参加呢？

这些人认为秦琼没参加玄武门事变的依据是：

一、秦琼的勇猛彪悍与尉迟恭相同，在事变中，尉迟恭戏份特别多，他先是亲手格杀了李元吉，然后提着李建成、李元吉的脑袋瓦解了太子党薛万彻、谢叔方、冯立等军的军心，又"擐甲持矛"去见李渊。而向来勇冠三军的秦琼，却全无表现，那么，只有一个可能：他根本就没有参加这场事变。

二、在大唐开国过程中，秦琼居功至伟，以他的功劳，不进入三甲，也不会低于尉迟恭与程咬金。但在后来的凌烟阁二十四功臣中，他却排到了最后一位。造成这种状况，就是因为他没有参加玄武门事变。

为什么秦琼没参加玄武门事变呢？也有人给出了貌似"合理"的解释：

一、秦琼是一个忠义之士，连来护儿也称赞其"加有志节"，他感激于李渊的知遇之恩，不忍心去参与皇子相残的流血事件。

二、秦琼历次作战负伤太多，疾病缠身，玄武门之变的时候，他的身体不好，李世民出于对他的爱护，坚持不让他参加。

三、事变前李元吉有领兵攻打突厥的任务，已把秦王府的一部分兵将要了过去，这里面就包括有秦琼，则秦琼是想参加而不可得。

这"没有参加事变"和"为什么没有参加事变"的一共五条理由都是站不住脚的，下面就逐条进行驳斥。

一、认为秦琼与尉迟恭齐名，那是受了小说演义和戏曲的编排影响，不要以为《西游记》把这两个人安排成了门神，就认为无论尉迟恭做什么事，秦琼就必须跟着做同样的事。是，秦琼是勇猛彪悍，但从正史看，他的表现是远远不及尉迟恭抢眼的。尉迟恭在跟随李世民鏖兵洛阳时，曾以个人之神勇从"飞将"单雄信的槊下救出李世民；在虎牢关之战中，李世民持弓、尉迟恭执稍，两人组成最佳闯阵组合，率领玄甲兵冲阵；在平定刘黑闼的战斗中，李世民冲阵，被贼军重兵围困，又是尉迟恭拍马杀到，单骑翼护李世民溃围而出……看看，在这些关乎李世民生死的激战中，不也同样没有秦琼的身影出现？

说到这，估计有人不服气，会争辩说，如果秦琼真参加了玄武门事变，以他的勇猛彪悍，怎么会弄不出一点动静来？

但是，从上面提到的李世民参加过的战斗记录来看，李世民的个人战斗力算是超强的了，何以在玄武门事变中，他竟差点被李元吉用弓弦绞死？这又该如何解释？

二、了解了上面辩驳的第一条，就知道所谓"大唐开国过程中，秦琼居功至伟"的说法是一个笑话了，是受小说演义和戏曲影响太深。实际上，秦琼的能力和功劳甚至都不能跟程咬金相比，毕竟程咬金有过单独带兵出征的经历，而秦琼毕生都没有过这样的资格。

还有人说，秦琼是凌烟阁功臣中唯一一个在玄武门事变前就封为国公的人——他在平定王世充后就得封为翼国公。

这些人，明显是没有认真读史。

平定王世充后，程咬金不也被封为宿国公了吗？

很残酷的现实是：如果秦琼没有参加玄武门事变，他连第二十四名都排不上。

当然还会有人要争：李靖和李勣不也没参加玄武门事变吗？他们不也同样荣登凌烟阁，并且成功排上了号？

我只能说，秦琼连程咬金都比不了，焉能跟李靖和李勣这样的高级统帅相比？

三、说秦琼重情义、有气节的人，得先了解一下秦琼的个人简史。

秦琼最初是隋将来护儿的部将，后随张须陀讨伐李密。张须陀战死，秦琼归裴仁基部下，随裴投降李密，得到重用。李密失败后，投降王世充，因不满王的为人，于公元 619 年（唐高祖武德二年）同程咬金等人一起投唐。

看到了吧？人们读《三国演义》，都取笑吕布是历事数主，是"三姓家奴"，若以此标准来给秦琼打分，秦琼的分数怕是高得离谱吧？从哪儿看得出他的"忠"和"义"来？他的第一任主人来护儿称赞他"加有志节"，那是看走眼了。

四、没有任何史料可以证明玄武门事变时，秦琼病得动不了了。而这场事变，关乎李世民秦王派系的生死存亡，李世民的兵力远少于李建成一方，肯定要倾巢出动，尉迟恭、秦琼、程咬金都属于"万人敌"式的猛将，他怎么会将之雪藏？

还有，李世民在事变前派人去召唤房玄龄、杜如晦前来商量大事，两人推辞说皇上发敕书不允许他们再事奉秦王，他们不敢去。

李世民听了回报，森然作色说："玄龄、如晦岂叛我邪！"取佩刀递给尉迟恭，说，"公往观之，若无来心，可断其首以来。"

那些不知当时形势紧急的人，竟然猜测臆想"李世民出于对他的爱护，坚持不让他参加"，岂不让人笑掉大牙？

反过来，也可以这样理解：在玄武门事变的非常时刻，任何秦王派系的人想置其身于事外都不可能，秦琼身为秦王府右三统军，在秦王急于用人之际，如果抗命，结果必定是被尉迟恭"断其首以来"。

五、齐王李元吉领兵攻打突厥，是把秦王府的一部分人要了过去，这里面是有秦琼，但也有程咬金。

想想看，程咬金既然参加了玄武门行动，为什么秦琼就参加不了？

另外，根据《旧唐书·巢王元吉传》记，李元吉等人正在谋划一出"昆明池政变"，李建成说了，政变一旦成功，不但李世民丧命，则"敬德等既入汝手，一时坑之"，即作为李世民忠实部将的尉迟恭、秦琼等人也必须停止呼吸。

有人以为李建成、李元吉等人真要成功了，也未必会对秦琼等人下这样的毒手。诚如李世民成功了，并没有杀害原属太子党的魏征、薛万彻等人一样。

但，人与人是有区别的，李建成、李元吉不等同于李世民。

且看李建成为拉拢尉迟恭，先是"赠金皿一车"，被拒后，就恼羞成怒，和李元吉密谋，派出了刺客，企图行凶作案。刺杀行动失败，又向李渊诬陷尉迟恭，致使尉迟恭被关进奉诏命特设的监狱里审问处治，差点被杀掉。

所以，于公于私秦琼都必须参加玄武门事变。

事实上，秦琼也参加了玄武门事变，只不过，在事变中的作用没有凸现出来罢了。

第三章　贞观天子

 ## 玄武门之变后，李世民为什么吮李渊的乳？

《旧唐书》和《新唐书》均无李世民"跪而吮上乳，号恸久之"之语，而仅见于司马光的《资治通鉴》，应该是司马光的借题发挥。

借哪儿的"题"来发挥呢？

借欧阳修《新唐书》中关于唐高祖奇形异禀的描写。

《新唐书·高祖本纪》中写"仁公生高祖于长安，体有三乳，性宽仁，袭封唐公"。

看，唐高祖"体有三乳"，却在其漫长一生中没有发挥过这"体有三乳"的特殊功能，不在这玄武门之变后非常时刻及时出现，以化解父子间剑拔弩张的紧张关系，又更待何时？

必须说明的是，唐高祖"体有三乳"之语只见于《新唐书·高祖本纪》，《旧唐书·高祖本纪》却没有相关记载。

但成书于《旧唐书》之后、《新唐书》之前的《太平御览》却于卷七三一方术部十二相下条转《唐书》曰：高祖生长安，紫气冲庭，神光照室，体有三乳，左腋下有紫志如龙。初有善相者史良言于高祖曰："公骨法非常，必为人主。至于命也，非所敢知。"

注意，《旧唐书》原名为《唐书》，盖因欧阳修的《新唐书》问世，才改称为《旧唐书》。

即《太平御览》所转《唐书》应该就是《旧唐书》。

然而，现在的《旧唐书》，仅有后面的"公骨法非常，必为人主"等语，并无前面"高祖生长安，紫气冲庭，神光照室，体有三乳"的记载，怀疑是后世在流传刊印过程中脱漏了。

另外，成书于《太平御览》之后、《新唐书》之前的《册府元龟》卷四十四帝王部奇表也记载有"唐高祖体有三乳，左腋下有紫志如龙"。

可见，"唐高祖体有三乳"的记载应该来源于《旧唐书》。

编撰《旧唐书》的刘昫、张昭远等人为五代时期后晋人，距离唐高祖生活的年代近三百年，他们肯定没有见过唐高祖本人，而《旧唐书》之前，目前为止，并没发现有什么书记载有"唐高祖体有三乳"的。

那么，记载"唐高祖体有三乳"的始作俑者，应该就是《旧唐书》！

而《旧唐书》这么写，又应该是即兴发挥。

须知，古代史家写帝王将相传记，多会赋予许多神灵色彩。

比如舜帝生有两个眼瞳，刘邦脚底有七十二颗痣，等等。

至于红光紫烟、瑞麟日角，也是多见不怪。

刘昫、张昭远等人的脑洞为什么开得这么大，会想到赋予"唐高祖体有三乳"的神奇呢？

这其实并非他们的原创。

今辑残本《尸子》就有记载："文王四乳，是谓至仁。"

《史记·周本纪》也记："文王龙颜虎肩，身长十尺，胸有四乳。"

周文王是王中圣贤，唐高祖比他差一点点，那就"体有三乳"好了。

那《尸子》为什么会想象"文王四乳"呢？

乳是初生赤子赖以养命的口粮，古人朴素的思想里，圣人多乳，就可以布恩四方，孳育天下。

《北史·魏本纪》也因此写："昭成皇帝讳什翼犍立，平文之次子也。生而奇伟，宽仁大度，喜怒不形于色。身长八尺，隆准龙颜，立发委地，卧则乳垂至席。"

什翼犍为北魏太祖拓跋珪的先祖，后世史家为了美化他，让他与周文王相提并论，竟然写他"乳垂至席"，可谓骇人听闻！

现在我们知道，"文王四乳"是不可能有的；"唐高祖体有三乳"也是不可能有的；什翼犍"乳垂至席"更是不可能有的。

那么，您还会相信李世民会"跪而吮上乳"吗？

完全是一派胡话。

可笑的是，李宗侗、夏德仪竟然望文生义，在《资治通鉴今注》中牵强附会地说："跪而舐上之乳房，以示为孺子时无间之态。"

真要这样解释，我觉得，尽信书还不如无书。

《梁书·始兴王萧憺传》中有记载，说梁朝始兴王萧憺有德政，造福一方，于天监七年被梁武帝征召还朝，当地百姓如赤子恋父，依依不舍，作歌谣唱："始兴王，民之爹。赴人急，如水火。何时复来哺乳我？"这最后一句"何时复来哺乳我"，如果由李宗侗、夏德仪两位来解释，恐怕真会解释成"您什么时候再回来给我喂奶"！

还有，朱熹曾经劝宋宁宗去看望退位的宋光宗，要他"见太上皇帝，即当流涕伏地，抱膝吮乳，以伸负罪引慝之诚"，这里的"抱膝吮乳"，应该可与李世民"跪而吮上乳"作同解吧？

李世民杀了李元吉，为什么还霸占他的妻子？

李世民诛兄杀弟的行为，《旧唐书》《新唐书》《资治通鉴》等书都有明确交代，并从一定程度上进行了评论和谴责。

但李世民霸占弟弟李元吉妻子的事，却隐藏得比较深。

有可能，编纂史书的人觉得这根本不算什么事儿；当然，也有可能是要为尊者讳。

比如，《新唐书》只在《李明传》里似是漫不经心地写了一句："曹王明，母本巢王妃，帝宠之，欲立为后，魏征谏曰：'陛下不可以辰嬴自累。'乃止。"

《旧唐书》也只是简单地记载："复以曹王明为元吉后"。

也可见，李世民霸占弟弟李元吉妻子的事是千真万确的。

在程朱理学盛行的宋代，史学家范祖禹察知此事，气得浑身发抖，在《唐鉴》一书中破口大骂："太宗手杀兄弟，曾不愧耻，而复纳元吉之妃，恶莫大焉。"

在范祖禹看来，李世民发动政变、手杀了兄弟，那也是大政治家的做派，无可厚非，但无耻接纳弟妇，却是莫大的恶行。

那么李世民为何"甘冒天下之大不韪"要强纳弟弟李元吉的妃子杨氏呢？

主要有两种说法。

一、有人认为李唐有鲜卑血统，又受突厥人"父兄死，子弟妻其群母及嫂"的婚俗影响，因此出现了如此丑事，所谓"唐源流出于夷狄，故闺门失礼之事不以为异"是也。

二、又有人从政治影响方面分析，说李元吉的杨妃是弘农杨氏的后裔，和隋杨皇族祖出同源，即整个杨氏家族在政治上都很有影响力，李世民迎娶杨氏，一来是安抚杨氏家族，二来是要拉拢杨氏家族的支持，稳固自己的政治地位。

我个人觉得，第二种说法比较靠谱。

至于兄弟先后娶了同一个女人，并不是鲜卑或突厥人特有的婚俗。且看李世民在长孙皇后薨后要立杨氏为皇后时，魏征说"不可以辰嬴自累"，援引了秦穆公把女儿怀嬴先后嫁给晋国的公子圉和晋文公重耳叔侄二人的事例。

由此可见，在唐代，程朱理学尚未盛行前，兄弟同妇，或者真不是什么见不得人的大事儿。

李世民在玄武门之变后，这样对他的功臣

汉高祖刘邦崛起于社会底层，文化不多，但行事处世果断决绝，说话服众，话糙理不糙。

话说，汉五年，汉集团已经消灭了项羽，平定了天下，刘邦召集众臣，论功行赏，将首功归于萧何。

众将不甘，说："我等被坚执锐，多者百余战，少者数十合，攻城略地，大小各有差。萧何徒持文墨议论，未尝有汗马之劳，如何反居臣等之上也？"

刘邦掀须大笑，说："诸位懂得打猎吗？"

群臣面面相觑，不知主子何故有此一问。

刘邦侃侃而谈："打猎要有猎人和猎狗相配合完成，追杀捕捉猎物的是猎狗，而发现猎物踪迹发号施令的却是猎人；出兵打仗也一样，冲锋陷阵的人相当于猎狗，这发号令的却是猎人。所以，你们只能算是功狗，萧何却是功人。"

补充一下，刘邦眼中的功狗，最能干的无疑是韩信、彭越、英布这三个，但这三个都死得很惨。

大唐开国，也有一大群功狗、功人。

对唐太宗李世民而言，在玄武门之变中跟随他铲除李建成、李元吉集团的那伙人无疑是他最得力的功狗。

这些人的结局都是什么样的呢？

玄武门之变前，李世民让占卜的人烧龟甲卜吉凶，张公谨拿起龟甲扔在地上，力主行大事当果断立决。李世民深然其言。玄武门之变中，李建成、李元吉党羽狂攻玄武门，张公谨有勇力，"独闭门以拒之"。李世民即位，拜代州都督，后封邹国公。张公谨病死于贞观六年四月辛卯（初八）日，时年仅三十九。李世民不避辰日而哭。

长孙无忌是李世民发动玄武门之变最坚定、也是最重要的支持者，武德九年六月四日，其与张公谨等九人早早埋伏于玄武门之外，为事变胜利奠定了基础。玄武门之变后为相，且为李世民临终前的托孤大臣。只因在高宗时期反对立武则天为皇后遭到打击，后自缢身亡。

尉迟敬德是玄武门之变的主要角色，他亲手杀死齐王元吉，又率兵威逼李渊下旨立李世民为太子，为拥立之功第一。他本人也因此居功自傲，曾于宴会之上倚老卖老，高论军功，并打伤某宗室将领。但李世民只是对他做出口头警告，仅此而已。尉迟敬德晚年闭门自守，得享天年。

侯君集早年跟随李世民征讨有功，玄武门之变中，其献策居多。玄武门之变后征讨吐谷浑，攻灭高昌。班师时，私吞高昌战利品而被弹劾。但李世民念其功多，不予追究。但其在后来诸子争储的斗争中，依附太子李承乾，图谋杀李世民，事泄被杀。李世民虽杀了侯君集，仍留其子以传承香火，并且时常观侯君集画像而哭。

杜如晦是李世民夺取政权的主要谋臣之一，玄武门事变前，一度为太子李建成忌惮，被外调出秦王府。玄武门之变后，被拜为兵部尚书，进封蔡国公，病逝于贞观四年。

与杜如晦并称为"房谋杜断"的房玄龄也是李世民得力的谋士之一，参与玄武门之变，与杜如晦、长孙无忌、尉迟敬德、侯君集五人并功第一。李世民即位后，房玄龄一直得到重用，病逝于贞观二十二年

（公元648年）。

程咬金在玄武门之变中也出力颇多。其在唐高宗时出征贺鲁，滥杀被劫，虽被免官，却得善终。

刘弘基在玄武门之变中拥立李世民，贞观年间因多次贪污被弹劾，李世民不忍治罪，只是将他贬官。征高句丽时，又复起用，有战功。病死于高宗永徽元年（公元650年），年六十九。

秦叔宝也参与了玄武门之变，事后被封为左武卫大将军，贞观十二年（公元638年），在任徐州都督时去世，陪葬昭陵。

长孙顺德在玄武门之变前，功劳并不显，但在玄武门之变中，其与秦叔宝等人共同打击李建成的余党，得封食邑一千二百户，又被特赐宫女。贞观年间因多次贪污被弹劾，李世民不忍治罪，只贬其官而已，病故。

以上人等肖像均被标榜在凌烟阁上，成了二十四功臣的大部分。

其余参与了玄武门之变，没上凌烟阁的刘师立、公孙武达、独孤彦云、杜君绰、郑仁泰、李孟尝等人也得到了很高待遇，并且全属善终。其中的刘师立曾被人密告其欲应符谶想造反，李世民不信。

综上所述，凡跟随李世民参与了玄武门之变的功狗，除了侯君集因参与谋反被诛杀外，其他人的下场都很好。

可见，李世民被称为"千古一帝"不是没有道理的。

 ## 跟随李世民打天下有多幸福

成语"灌夫骂座"的主角灌夫本姓张，因父亲张孟是颍阴侯灌婴家臣，得赐姓灌。灌夫在吴楚七国之乱中表现勇猛，屡建奇功，被封为中郎将。战后，又改任代国宰相。公元前131年，安武侯田蚡娶燕王的女儿。灌夫奉王太后的命令前去祝贺，在席间遭到田蚡及他的手下的怠慢，灌夫借酒使性，破口大骂，大闹酒宴，最终招致杀身之祸。

类似的剧情，在唐朝也出现过一次。

这次，扮演"灌夫"角色的是开国功臣尉迟敬德。

尉迟敬德，河南洛阳人，曾在隋朝末年应募入伍跟从隋炀帝伐高句丽，官至朝散大夫。后追随马邑鹰扬府校尉刘武周造反，于唐武德二年（公元619年）攻河东，破榆次，拔介休，克太原，成了新兴唐政权的一大劲敌。武德三年（公元620年），秦王李世民亲自督军进讨，招降了尉迟敬德。尉迟敬德归唐后，为唐朝的一统大业南征北战，出生入死，建下了赫赫功勋。

尉迟敬德武艺超群，力大无比，有万夫不当之勇，多次在冲锋陷阵中一人手杀百人、数百人。他的著名"代表作"是"单鞭夺槊"：他在东讨王世充的战斗中，与李世民在北邙山遭到王世充万余骑包围。其时，王世充麾下勇将单雄信飞马横槊，直取李世民，尉迟敬德跃马大呼，单鞭把单雄信打下战马，迫使王世充军队退却，使李世民突出重围。

在稍后的邙山之战中，尉迟敬德紧随李世民冲阵，往返无能阻拦，擒王世充将陈智略，斩首千余级。

李世民感念尉迟敬德数次救驾之恩，"恩眄日隆"。

武德四年（公元621年）和武德五年（公元622年），尉迟敬德随李世民分别镇压了窦建德、刘黑闼起义，功高盖世。

玄武门事变前夕，太子李建成与齐王李元吉结成私党，"赠金皿一车"，用重金收买尉迟敬德。尉迟敬德断然拒绝。李世民大赞说："公之心如山岳然，虽积金至斗，岂能移之？"

李建成收买失败，遣刺客前来杀害尉迟敬德。刺客慑于尉迟敬德威名，终不敢动手。

玄武门事变爆发，李世民在混战中马失前蹄，跌落马下，李元吉迅速赶到，准备用弓弦绞死李世民。关键时刻，尉迟敬德犹如神兵天降，手杀李元吉。其后又割下李建成的首级，飞驰两军阵前，平息了混乱和骚动。

玄武门事变中，尉迟敬德"论功第一"，赐绢万匹，官至右武侯大将军。

贞观初年，突厥入境掳掠，尉迟敬德被授为泾州道行军总管，前往阻击。

尉迟敬德旗开得胜，击败突厥于泾阳。所获珍宝财物，散送士卒，军队士气大振，所向披靡，战无不胜。

尉迟敬德如此生猛，到了晚年，不免有些倚老卖老，居功自傲。

某天，唐太宗在庆善宫设宴，宴请文武官员。

尉迟敬德看见有人坐在自己之上，愤愤不平，喝了几杯酒，趁着酒劲，直言直语地说："尔何功，坐我上？"

唐太宗的叔叔、任城王李道宗在一旁做和事佬，出面劝解了几句，却被气在头上的尉迟敬德连揍了几拳，眼睛差点被打瞎。

唐太宗对尉迟敬德的表现非常不高兴，板着脸对尉迟敬德说："朕观汉史，曾怪高祖时的功臣很少有保全自己的，今日视卿所为，才知韩信、彭越被戮，并非汉高祖之过，国家大事，只有赏与罚，横恩不可数得，请自勉自修，不要有后悔莫及的一天！"

听了唐太宗的话，尉迟敬德的酒意霎时尽去，脊梁涌起一层层冷汗，赶紧顿首相谢，以老辞官。

这之后，尉迟敬德杜门谢客，专事养生，十六年不问政事，善终于显庆三年，年七十四，谥"忠武"。

 ## 开国猛将因为女性化的乳名就被皇帝处死

说唐太宗李世民是千古一帝，大概没多少人会反对。

隋末乱世，四海鼎沸，李世民在太原说动父亲李渊起兵，自己被坚执锐，入长安，平薛举父子，破刘武周，一举擒获窦建德、王世充，灭刘黑闼，荡涤宇内，一统天下，战功盖世。

玄武门事变后，李世民登基，励精图治，又开创贞观盛世，为赫赫盛唐奠定了坚实的基础。

文治武功之外，李世民更被视为史上罕有的宽容明君。他推崇"慎刑宽法"的清明政治，在位期间，对于每一名重囚犯的处置，都要"三覆五奏"，把死刑的终审权收归中央，以免出现冤假错案。李世民谆谆告诫大臣："死者不可复生，用法务在宽简。"

贞观六年（公元 632 年），李世民还做了一件千载以来前所未有的事：让近四百名死囚回家过年。

这四百名死囚感激涕零，过年后，一个不少，全都自觉回到狱里。

此事被后世推崇为佳话。

李世民对生命充满尊重和敬惜之情，实不负明君之誉。

然而，《旧唐书》却记录有一件与这位"明君"形象相去甚远的血腥事件，让人不寒而栗。

贞观初年，太白星屡现于白天，似乎是要向世上预兆些什么。太史令于是占测，结果是："女主昌。"即将有女皇帝兴起。当时就流传有谣言说："应当有女皇帝统治天下。"太宗听了大为厌恶。当时李君羡任左武卫将军，守玄武门。太宗某次宴请武官，行酒令，让每人都说出自己的乳名。李君羡羞答答地说自己的乳名叫"五娘子"。太宗愕然，随即大笑道："何物女子，如此勇猛！"回头联想到李君羡的封邑是武连郡公，官职是左武卫将军，把守的是玄武门，都带个"武"字，不由得深恶痛绝。恰巧御史又密奏李君羡与妖人员道信相勾结，欲行不轨，于是太宗便下诏将李君羡杀了。

唐太宗为什么看到李君羡与一连串"武"字有关就深恶痛绝，《旧唐书》没有专门解释，但这件事，《旧唐书》有收录，《新唐书》和《资治通鉴》也有收录，我们从《资治通鉴》找答案。

《资治通鉴》第一百九十九卷记：民间又传《秘记》云："唐三世之后，女主武王代有天下。"上恶之。

原来，不单流传有谣言"当有女主王者"，《秘记》还有"唐三世之后，女主武王代有天下"的预言。

什么叫《秘记》呢？

秘记又叫谶记，其他如谣谶、谶语、图谶、图书之类的名字，说的也是它，属于一种政治性预言的抄本。起源很早，以口头形式流传时叫谣言、谶语，写成文字、绘成图就叫图书、秘记。历史上最著名的谶语就是流行于汉朝时的"代汉者当涂高"，但事后证明这是无中生有的胡编瞎造。

《秘记》有"女主武王代有天下"的预言，女人当皇帝，旷古没有，唐太宗认为不会真有女人来主宰大唐江山，这"女主"是另有所指，李君羡乳名"五娘子"，又与一连串"武"字有关，预言会应在他身上，所以对李君羡起了杀心。

《旧唐书》的《李淳风传》中也有记录：当初，唐太宗在世时有《秘记》说："唐代在三世之后，将有女主武王取代其天下。"唐太宗于是秘密召来李淳风探究此事。李淳风说："我据天象推算，此事的征兆已经形成，这人已经出生，而且就在陛下的宫中。从现在开始算起，不过三十年，她就要据有天下，几乎要把李氏宗室子孙诛杀殆尽。"唐太宗说："把宫中那些可疑的人都杀了，你看如何？"李淳风说："这既然是天意，就没有逃避的办法。该称王的那人是死不了的，你杀的人再多也不过枉及无辜。而且根据天象，此人已在宫中，并且是陛下的眷属，再过三十年，她就老了，老了心肠就软了，即使取代唐的天下，可能对陛下的子孙不会杀伤过烈。如果陛下现在把她杀了，上天一定会重新生出一个更年轻的。此人年轻，性情可能更为狠毒。如果这样，陛下的子孙也许就真的被杀光了。"太宗觉得此言有理，于是就罢手了。

李淳风曾经主持铸造浑仪，编成《麟德历》，是初唐有名的天文学家。但在史书中，他和袁天罡一起，被描绘成了预言家，创有《推背图》，在小说中更成了出阳入阴、兼判冥事的半仙。

从已经发生了的史实来看，"唐三世之后，女主武王代有天下"，那是应在了武则天身上。《李淳风传》的记载则尽显李淳风数术之高明和李世民知天命而行仁政的王者之风。

因李君羡为武则天挡去了一场灾祸，两《唐书》都记载，公元690年，武则天代有天下，登上帝位后，李君羡的遗属诣阙称冤。武则天为报恩慰灵，给李君羡昭雪，追复官爵，厚礼改葬。

由此，李君羡因谶丧生之事，可谓言之凿凿，已经是历史铁案。

苏东坡也因此叹息说："汉景帝以鞅鞅而杀周亚夫，曹操以名重而杀孔融，晋文帝以卧龙而杀嵇康……唐太宗以谶而杀李君羡，武后以谣言而杀裴炎，世皆以为非也。"认为李君羡和周亚夫、孔融、嵇康、裴炎等人一样，属于冤杀。

但是，史书上的记载就一定真实吗？

要知道，史书也是人写的，谁能保证写史书的人不受外界任何影响而不带任何感情色彩记录每一件事？

李君羡因谶丧生事件，诡谲奇幻，仿若神话小说，让人觉得不可思议。

那么，还是让我们拨开历史的迷雾，从头分析起吧。

李君羡，洺州武安（今河北南部，太行山东麓武安县）人。其早期经历和名将秦琼、程咬金、罗士信等人是一样的，初事李密，李密败亡后投王世充，为王世充骠骑。恶王世充为人，又改投李渊，被封为上轻车都尉，跟随李世民破宋金刚于介休，从讨王世充，为马军副总管。又随军破窦建德、刘黑闼。李世民即位，授其为左卫府中郎将。突厥大军逼至渭桥，李君羡与尉迟敬德出战破敌。唐太宗叹道："君羡如此勇猛，强虏何足忧虑。"授予其左武卫将军之职，掌管玄武门宿卫，加封为武连县公。贞观八年（公元634年），李君羡随段志玄讨伐吐谷浑，在青海之南悬水镇大破吐谷浑军队，虏牛羊二万余头还朝。

关于李君羡之死，除了上面提到的"唐三世之后，女主武王代有天下"谶语外，《资治通鉴》第一百九十九卷还有一段实不应等闲视之的记载：李君羡外任华州刺史，华州当地有个布衣名叫员道信，自称能够不进饮食，通晓佛法。李君羡非常敬慕相信他，多次与他形影相随，窃窃私语。御史借机弹劾李君羡与妖人勾结。图谋不轨，贞观二十二年（公元648年）六月十三日，李君羡因此事定罪处斩，全家被抄没。

这段记载，其实才是李君羡获罪被斩的真实原因。

因为，《唐律》明确规定："诸造妖书及妖言者，绞。"

李君羡与自称"能绝粒，晓佛法"的江湖术士员道信勾搭在一起，"数相从，屏人语"，明显已经触犯了《唐律》。

这一点，结合另外两个开国功臣裴寂、张亮的遭遇就可以得到印证。

裴寂是李渊太原起事的元谋功臣之一，因有江湖术士与裴寂家童说了一句"裴公有天分"，裴寂隐而不报，只暗中命家人杀掉妖人了事。可惜，家人心慈手软，释妖人不杀，致使消息走漏。唐太宗逮捕了裴寂，历数其罪，最后说："我杀之非无辞矣，议者多言流配，朕其从众乎。"将之流配。

张亮被杀时已官至刑部尚书，只因为他私下与江湖术士谈论诸如"有弓长之君当别都"妖言，事泄，被"斩于市，籍没其家"。

由此可见，李君羡获罪的原因和裴寂、张亮是一样的。

那么，李君羡因"女主昌""女武王者"谶语被杀的说法是怎么炒作出来的呢？

这又得说说《旧唐书》的成书过程了。《新唐书》来自《旧唐书》，而《资治通鉴》关于唐史的记载又考自两《唐书》。

《旧唐书》编成于五代后晋时期，书中所记代宗之前的史事主要依据唐朝史官所撰的《国史》。

而唐朝史官编撰《国史》是分阶段来的。

第一阶段：贞观元年，姚思廉撰写《唐史》纪传，粗成三十卷。

第二阶段：高宗显庆元年，令狐德棻等续成八十卷，名《以德贞观两朝史》。

第三阶段：龙朔三年（公元 663 年），许敬宗等又续为一百卷，并起草十志，未半而终。

第四阶段：武则天长寿二年（公元 693 年），牛凤及另撰《唐史》一百一十卷，起高祖，终高宗。

第五阶段：武则天长安二年（公元 703 年），李峤、朱敬则、刘知几、吴兢等修《唐史》八十卷。吴兢又别撰《唐史》一百一十卷、《唐春秋》三十卷。而在上述修撰的基础上，韦述修《国史》一百一十三卷。

最后流传下来的，就是韦述修的一百一十三卷《国史》。

这里有一个不可忽略的问题，即武则天篡唐代周。武则天认为唐朝的历史已经在天授元年（公元 690 年）终结了，在指导史官编写《唐史》的时候，是不会有太多顾忌的，既会总结她所认为的"唐朝全部历史"的得失为自己的大周借鉴，更会不遗余力地为自己的篡唐代周行为提供合法的具备天命意志的证据。为了切实做到这一点，除在长寿二年（公元 693 年）做了一次《国史》总体编修外，又于长安三年（公元 703 年）钦点自己的亲侄子武三思作为领衔总编修进行"采四方之志，成一家之言，长悬楷则，以贻劝诚"。

武则天此人篡位心虚，早在垂拱四年（公元 688 年）就捏造有洛水现瑞石"宝图"，上有"圣母临人，永昌帝业"之类的鬼把戏，那么登位后，借李君羡官职与一连串"武"字有关，再炮制出"女主昌""女武王者"的谶语，又有什么可奇怪的呢？

其实，从两《唐书》和《资治通鉴》分别记载李君羡被杀和李淳风谏杀的事来看，李君羡被杀在前，李淳风谏杀在后，这里面就极不合理：唐太宗已成功清除了自己的假想敌李君羡，正应该欢欣鼓舞，又怎么会心存惶惑去向李淳风寻找已经不存在的假想敌呢？

可见，李君羡"因谶丧生"的说法，其实是源自武则天御用文人的编造。

李世民为什么参与对前代史书的撰写？

提起唐太宗李世民参与修撰史书，很多人想到的是其三番四次向史官索观初唐起居注，从而干预史官编修国史的丑事。

诚然，骨肉相残的玄武门事件使李世民背上了无比沉重的道德包袱，也使他终其一生都不能摆脱该事件留下的心理阴影。

但本文说的却不是这个，而是二十四史之一的《晋书》。

所谓二十四史，即中国古代各朝撰写的、被历朝历代纳为正统的二十四部史书的总称，又称"正史"。

"正史"之名，始见于《隋书·经籍志》："世有著述，皆拟班、马，以为正史。"清代乾隆皇帝钦定"二十四史"为"正史"，即未经皇帝批准，不得列入正史。

二十四史是我国文化遗产宝库中的一份珍贵的历史文献，规模巨大，卷帙浩繁，计三千二百一十三卷，约四千万字，编写始自公元前二世纪，即西汉武帝刘彻时代，到清朝乾隆时代为止。整个编写过程长达一千九百多年，用统一的体裁，比较系统、完整地记录了明亡以前有文字可考的中国几千年的历史，在世界上是极其罕见的。

二十四史中的"前四史"即《史记》《汉书》《后汉书》《三国志》属于私修史书，书的作者是谁，那是清清楚楚的。

可是，后面的大多数官修史书都是由"宰臣"监修，书成之后，由"宰臣"领衔呈送给皇帝过目，因此，"宰臣"就俨然成了这部书的作者。

实际上，这些"宰臣"中，有的根本就没为自己所监修的书写过一字一语，比如说后晋的刘昫、元朝的脱脱等。但他们的身份使他们分别成了所监修的《旧唐书》《宋史》《辽史》《金史》的作者。

不过，像刘昫、脱脱这类人还是属于少数，大多数监修者在修史过程中都有参与撰写。

比如说《隋书》的监修人魏征，就撰写了大量史论，这些史论在书中都标有"魏征曰"的字样，历历可考。

其实，除了《隋书》，其余的《晋书》《梁书》《陈书》《北齐书》《周书》也都是在唐太宗李世民时代修成（此六部官修史书和《南史》《北史》两部私修史书合称"唐初八史"），这六部史书的监修人都参与了撰写。

令人惊诧的是，唐太宗李世民还参与了《晋书》的修撰！

旧版的《晋书》都会特别题为"唐太宗文皇帝御撰"。

这也使得《晋书》比同类史书中的地位高出了若干倍。

《晋书》记载的历史上起三国司马懿时期，下至东晋恭帝元熙二年（公元 420 年）刘裕废晋帝自立。参与编写的有二十多人，其中房玄龄、褚遂良、许敬宗三人为监修，执笔者有令狐德棻、敬播、来济、陆元仕、刘子翼、卢承基、李淳风、李义府、薛元超、上官仪、崔行功、辛丘驭、刘胤之、杨仁卿、李延寿、张文恭、李安期、李怀俨等。

之所以会题上"唐太宗文皇帝御撰"，是因为书修成之后，房玄龄领衔呈送给李世民过目，李世民逐篇阅读，感触良多，分别给宣帝（司马懿）、武帝（司马炎）二纪及陆机、王羲之两传写了四篇史论。

所以，《晋书》便题为"御撰"，也就是说皇帝也参与了修撰。

这里有一个问题，《晋书》《梁书》《陈书》《北齐书》《周书》《隋书》都是李世民统治时代所修的前代史书，为什么李世民独独选择《晋书》来写史论呢？

究其原因，是由于西晋作为一个统一的王朝，结束了三国时期几十年的分裂局面，但它的统一却是如此短暂，不久就发生了中原地区的大混战，形成了东晋和十六国、南朝和北朝的长期对立。李世民作为统一的唐朝的创业之君，有宏伟的治国抱负，于是对晋朝的治乱兴亡进行了深入探索。

李世民在他撰写的史论中，鲜明地指出了司马炎"居治而忘危""不知处广以思狭""以新集易动之基，而无久安难拔之虑"的种种缺点。

由此可见，李世民所以能成为千古一帝，那是有原因的。

 李世民篡改过的史书为何保留他诛兄杀弟的情节？

要研究唐代历史，《唐实录》无疑是最直接、最全面的第一手材料。

原因很简单，《唐实录》属于当时官修的编年体史书，其所采用的资料大多从起居注、日历、中央与地方各部门档案当中编写而来。

但是，今日《唐实录》除《顺宗实录》保存完整外，其他均无传本留世，只能在《资治通鉴》等书中见到佚文。

唐太宗李世民是中国历史上名声很好的皇帝，被誉为"千古一帝"，但他毕生有两大污点：一、发动玄武门事变，诛兄杀弟；二、为了掩盖和美化玄武门事变，蛮横干扰史官修史，有篡改史书之嫌。

实际上，《唐实录》中的《高祖实录》由敬播撰、房玄龄监修，许敬宗删改，于贞观十二年书成。另一《今上实录》由敬播、顾胤撰，房玄龄监修，也于贞观十四年书成。玄武门事变出现在这两个实录中，如果李世民真有篡改过史书，指的应该就是这两部史书。

虽说这两部实录已经佚失，但现在读《资治通鉴》，我们仍然可以清清楚楚看得到玄武门事变中那一幅幅触目惊心的血腥画面。

书中第一百九十一卷记发生在武德九年六月四日事，历历如绘，甚至还生动、具体地记载了李建成、李元吉的死亡过程："建成、元吉至临湖殿，觉变，即跋马东归宫府。世民从而呼之，元吉张弓射世民，再三不彀，世民射建成，杀之。尉迟敬德将七十骑继至，左右射元吉坠马。世民马逸入林下，为木枝所挂，坠不能起。元吉遽至，夺弓将扼之，敬德跃马叱之。元吉步欲趣武德殿，敬德追射，杀之。"

且看，李建成、李元吉才到临湖殿，就感觉到了浓重而凌厉的杀气，赶紧跋马折回，李世民纵马追来，高声呼唤。李元吉张弓搭箭，连射三箭，却都没有造成任何杀伤。反倒是李世民一箭就射死了李建成。尉迟敬德带领七十余名骑兵杀来，其中一名将士将李元吉射下了马。李元吉爬起，往树林里窜。李世民拍马赶入，冷不防被横出的树枝挂倒，跌落地上。李元吉扭头见了，把手中的弓套在李世民颈脖上，用力要将之绞杀。尉迟敬德呼喝着跃马赶至。李元吉见势不好，拔腿向武德殿方向跑去。尉迟敬德边追边射，直至将他射死。

　　除了详细记载了李世民亲自参与射杀兄弟的经历，后面还白纸黑字地记载了这么一条："建成子安陆王承道、河东王承德、武安王承训、汝南王承明、钜鹿王承义，元吉子梁郡王承业、渔阳王承鸾、普安王承奖、江夏王承裕、义阳王承度皆坐诛，仍绝属籍。"即事后李世民把李建成的五个儿子、李元吉的五个儿子，共十个亲侄子，不论成年还是未成年，一律处死，并在宗室的名册上除掉了他们的名字。

　　这真是令人发指。

　　读到这些，不由让人陷入深深的沉思：这像是被篡改过的史书吗？李世民真的有篡改过史书吗？

　　有人也许会说，李世民在玄武门诛兄杀弟的事，实在是篡无可篡，改无可改了呀。

　　这样想是不对的，如果李世民真想在这儿动手脚篡改，还是很容易的。再不济，也可以把李建成、李元吉的死亡过程模糊化，用春秋笔法将之写成为乱兵所杀就可以了，没有必要出现其亲自动手的细节。至于杀十个亲侄儿这一条，甚至可以只字不提。

　　另外，武周朝史官吴兢编撰的《贞观政要》，是有唐太宗干预史官修史的相关记录的。

　　其中卷七记：贞观十三年，李世民以"观所为得失，以自警戒"为名，向谏议大夫褚遂良调阅起居注。褚遂良坚持史官修史原则，断然拒绝，说："不闻帝王躬自观史。"

李世民讨了一个老大的没趣，悻悻地说："朕有不善，卿必记耶？"

好一个褚遂良，威武不能屈，富贵不能淫，大义凛然地说："臣职当载笔，何不书之？"

彼时，黄门侍郎刘洎在一旁助威，说："设令遂良不记，天下之人皆记之矣。"

李世民一时语塞，就此作罢。

《贞观政要》卷七还记：一年之后，即贞观十四年，李世民再次干扰史官修史。这次，他面对的是房玄龄。房玄龄相对容易说话，满足了李世民的无理要求，删略国史为编年体，撰《高祖实录》《今上实录》各二十卷，呈上李世民的龙案。

李世民主要是对里面的"六月四日事"（即玄武门事变）提出了不满。

他看到书中"语多微文"，文辞闪烁、文意吞吐，就大大方方地对房玄龄说："昔周公诛管、蔡而周室安，季友鸩叔牙而鲁国宁。朕之所为，义同此类，盖所以安社稷、利万民耳。史官执笔，何烦有隐？宜即改削浮词，直书其事。"

李世民的意思是：玄武门事件是"周公诛管、蔡，季友鸩叔牙"一样的义举，目的是为了"安社稷、利万民"，史官执笔，不要有什么隐瞒，应该"改削浮词，直书其事"！

如果《贞观政要》记录的这一条属实，那么玄武门事件在《高祖实录》《今上实录》二书中一定是写得云山雾海，让人摸不着头脑。

而现在，我们读《资治通鉴》，却读到了无比露骨和血腥的搏杀。

难道，这就是李世民"篡改"史书得出的成果？

即李世民"篡改"史书的目的，仅仅是要房玄龄等史官摒除掉思想顾虑，放开手脚秉笔直书，不惜把自己的阴暗面放大化和细节化？

真是让人难以置信。

不，不应该是这样。

李世民一定在某些地方动了手脚，只不过《贞观政要》没有记录下来而已。

《贞观政要》没有记录下来，也并不等于天衣无缝，世间再无痕迹可寻。

想想看，亲手射杀兄长、亲自下令抄斩十名侄子的经历都清清楚楚、明明白白地彰显在史书里了，还有什么事比这更令人触目惊心、更感到不可思议的？

顺着这条思路，就很容易把握到问题的关键——莫非，李世民在玄武门事变中对他的父亲李渊做了什么"莫可名状"的举止？

还是《贞观政要》这部书，我们来看卷六，里面记载了发生在贞观十七年（公元643年）的一件小事：某天，唐太宗李世民读了东汉建安七子之一徐幹的文章《中论·复三年丧》，突然悲从中来，伤感无限，对身边的侍臣说："人情之至痛者，莫过乎丧亲也。故孔子云：'三年之丧，天下之通丧，自天子达于庶人也。'"接着，切责自己在父亲李渊逝世时，所举办的丧礼过于粗疏简略。

单单"丧礼过于粗疏简略"这一理由，应该不会对李世民触动这么大。

李世民伤感流泪的背后，一定还有不为人知的东西，藏匿在其内心隐蔽处，埋葬在了历史的深渊里。

注意到了这一点，下面让我们把目光再移回到《资治通鉴》记录的"六月四日事"。

玄武门事变当日，李渊本来是要召集李建成三兄弟入宫对质李世民密告之事，但这三兄弟在玄武门杀得天昏地暗时，李渊和近臣们却优哉游哉地在"泛舟海池"。

这合情理吗？

完全不合情理！

如果说，李世民篡改过史书，那么，这一反常现象应该就是他篡改的最重大情节！

而建立在这一反常情节基础上紧随而至的系列事件都应该打上问号。

的确，《资治通鉴》对接下来的系列事件的记载也非常简略、草率，以至近于儿戏。

不是吗？

且看：尉迟敬德擐甲持矛，奔至李渊面前。李渊大惊，问："今日乱者谁邪？卿来此何为？"

从李渊的问话"今日乱者谁邪"里，可知他是早就知道有人作乱了的。

尉迟敬德回答说："秦王以太子、齐王作乱，举兵诛之，恐惊动陛下，遣臣宿卫。"

李渊听了，扭头对裴寂等人说："不图今日乃见此事，当如之何？"

萧瑀、陈叔达等人就趁机说了一通李建成与李元吉的坏话，再极力称颂李世民的功德，建议李渊立李世民为太子，并将国家政务相交托。

李渊的表现非常爽快，他说："善！此吾之夙心也。"

于是，事变很快平息。

李世民来见李渊，"跪而吮上乳，号恸久之"，完全一幅羔羊跪乳、天伦相亲的慈爱画面。

三日之后，即六月初七，李渊宣布立李世民为皇太子，发诏："自今军国庶事，无大小悉委太子处决，然后闻奏。"

这之后，又过了九日，六月十六日，李渊赐亲笔诏书给裴寂等人说："朕当加尊号为太上皇。"

七月初八，李渊颁布制书，将皇位传给太子李世民。

初九，李世民在东宫显德殿即皇帝位，大赦天下。

即从六月四日到七月八日，短短一个月，李世民就完成了从藩王到太子，再到皇帝的蜕变。

这其中必有猫腻。

一篇名为《唐太宗入冥记》的唐代民间话本，更让人有理由坚信这份猫腻的存在。

《唐太宗入冥记》是一则神话故事，里面写阎罗王勾唐太宗生魂入冥审问，单刀直入地问了一个问题："武德九年，为甚杀兄弟于前殿，囚慈父于后宫？"

神话故事自然是虚构的，李世民灵魂入幽冥地府受审之说纯属胡编乱造，但那一句"囚慈父于后宫"，极有可能就是李世民篡改史书后消失于所有官修正史中的历史事实，却又广泛流传于唐初民间的传说。

如果"囚慈父于后宫"属于史实，那么，李渊"泛舟海池"等反常表现就应该推倒了。

真实的情况应该是：李世民在玄武门事变中，已用武力控制住了太极宫中的所有人员，包括李渊。

《旧唐书·文德皇后长孙氏传》和《新唐书·文德长孙皇后传》里记载有这样一个细节：玄武门行动前，李世民引将士入宫授甲，长孙氏也跟随入宫，对参加行动的将士"亲慰勉之"。

但是，长孙氏一个妇道人家，跟随入宫，仅仅是慰问和激励将士而已吗？

《旧唐书·房玄龄传》记载着这样一条："玄龄尝因微谴归第，黄门侍郎褚遂良上疏曰：'及九年之际，机临事迫，身被斥逐，阙于谟谋，犹服道士之衣，与文德皇后同心影助，其于臣节，自无所负。'"

这条记载说的是，房玄龄因为有微小过错而遭到斥逐，褚遂良出面替他求情，提到了武德九年玄武门事变，说房玄龄当时"与文德皇后同心影助"。

而《旧唐书·房玄龄传》又赫然有记："贞观元年……论功行赏，以玄龄及长孙无忌、杜如晦、尉迟敬德、侯君集五人为第一，进爵邢国公。"即房玄龄在玄武门事变中的功劳与长孙无忌、杜如晦、尉迟敬德、侯君集并列第一。

褚遂良说房玄龄在玄武门之变中"与文德皇后同心影助"，这就充分说明长孙氏在该场政变中也是居功至伟的人物——她的功劳，绝不可能只停留在"慰问和激励将士"这一简单行动上，而是别有重大使命。

再想想看，秦王府的精锐只有"八百勇士"而已，这"八百勇士"既要守在玄武门截杀李建成一行，又要控制太极宫众多人众，难度可不是一般地大！

那么，如何又快又好地分头完成这两件事呢？

最好的方案，就是一部分由李世民带领，埋伏在玄武门进行生死搏杀；另一部分，由长孙氏带领，先解除掉宫中侍卫的反抗，再充分利用她身为女性的天然优势，安抚好宫中的嫔妃、太监和宫女，控制住宫中的局势。

我们还要注意到，秦王麾下的秦叔宝、程知节、侯君集、段志玄等骁勇之士在这场行动中并没有记载下什么抢眼表现，而后来都得到了重赏，很可能这一票人马就是跟随长孙氏入宫向李渊"逼宫"了。

再有，袭杀了李建成和李元吉后，李世民和他的"数百骑"就消失于玄武门了。以至于东宫和齐府兵攻来，出现了敬君弘、吕世衡等人战死，张公谨"独闭关以拒之"的凶险情形，最终，是"太宗左右数百骑来赴难，建成等兵遂败散"。

那么问题来了，在李建成和李元吉死后，玄武门险被攻破前，李世民和他的"数百骑"去哪儿了？

答案只能是：李世民"囚慈父于后宫"，向慈父施加压力，逼迫他交出政权。

一旦李渊誓死不从，抗拒到底，李世民也只能走上"弑父篡位"的道路了。

所幸，李渊还算是一个识时务的俊杰，顺从地交出了政权，李世民也因此没有步入人生大恶。

但，我们可以想象得到：李世民的内心从此永远遭受着道德的谴责，毕生不能释怀。

种种迹象表明：李世民之篡改史书，乃是有意"抓大放小"，删除掉了所有"囚慈父于后宫"的罪恶，鼓励史官大书特书诛兄杀弟细节，目的是以此扰乱和遮掩住后来世人的耳目。

为应对后人评说，李世民如何推卸手足相残责任

世人皆知，玄武门事变乃是李世民兄弟权力之争的集中爆发。

尽管李世民的文才武略都非常出色，但李建成、李元吉兄弟的才干也绝非两《唐书》和《资治通鉴》写的那么不堪。

李世民即帝位后，于贞观元年就安排姚思廉撰写《唐史》纪传。这《唐史》后来合入《国史》，《国史》又直接影响到两《唐书》和《资治通鉴》的编撰。

可以想象，李世民为了显示自己得位之正，肯定会不惜一切代价来抹黑李建成、李元吉。

但只要细心读史，不要受太多人为干扰的影响，依然可以从两《唐书》和《资治通鉴》的某些草蛇灰线中勾勒出李建成、李元吉才能干练的影子。

也就是说，李建成、李元吉和李世民同为狼兄虎弟，才能不遑多让。

玄武门事变发生后，李世民有意指导史官把所有责任都推到李建成头上，写李建成不能见容于自己，一味将自己往死里逼，致使双方兵刃相见，血溅玄武门。

即使如此，李世民仍难取得世人见谅。

李建成身为长子，又已封为太子，是帝国的第一继承人、储君。李世民明目张胆地开府纳士、厚养羽翼，文有杜如晦、房玄龄之辈，武有尉迟敬德、秦琼之流，已对李建成的太子之位构成了严重威胁。无论他

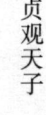

再怎么诋毁李建成，李建成所采取的手段都是得到世人认可的。

虽然李世民登位后掌握了所有的话语权，但舆论的制高点始终掌握在李建成手里。

为此，李世民只好另辟蹊径，找人背锅。

这人是谁呢？

弱不禁风的文臣杜如晦。

所谓："究其兄弟之争，始由如晦与建成家人争道有隙，稔成其祸。至于同气被诛，高祖见逼，其事皆出于如晦。"

为什么会发生玄武门事变？

为什么会出现兄弟阋墙、父子相逼？

全因杜如晦和李建成家人在出行时争道，致使兄弟成仇、父子反目。

流血事件的起因就在于争道，杜如晦就是该恶性事件的罪魁祸首。

对于这一指控，杜如晦乐呵呵地认了。

杜如晦是大政治家，他当然领会得到其中的奥秘。

杜如晦，字克明，京兆杜陵（今陕西西安长安）人，祖上为北周高官。隋朝取代北周，祖父杜果在隋为工部尚书、义兴公，父亲杜咤为隋朝昌州长史。杜如晦小时候聪慧有悟性，喜欢和人谈论历史、文学。隋朝大业年间，杜如晦被征为预备官员，不久，任滏阳尉。杜如晦嫌官小，难有作为，毅然弃官。隋大业十三年（公元 617 年），李渊父子兵入长安，杜如晦被李世民召入秦王府任为曹参军。在李世民征薛仁杲、刘武周、王世充、窦建德过程中，杜如晦筹谋划策，运筹帷幄，为众人瞩目。李建成为剪李世民羽翼，最先从杜如晦着手，向高祖李渊建议将秦王府的官员包括杜如晦，都调到外地任职。命令下达，李世民手下的文臣武将纷纷被迁到外地，李世民心急如焚。记室房玄龄指点说："府中幕僚被迁往外地者虽然多，但是没有什么好可惜的，只有杜如晦聪慧，能洞察事理，这个人有王佐之才，你现在作为藩王，没有人才可用，将来想要经营四方，只有此人才能帮你大忙。"李世民于是舍命向李渊上奏，最终将杜如晦留了下来。

房玄龄多谋，杜如晦善断，两人为李世民的左膀右臂，史称"房谋杜断"。

他们效力于李世民，就一心希望李世民能继承帝位，竭力鼓动李世民先下手为强，除掉李建成，以确立帝位继承人地位。

李世民瞻前顾后，犹豫不决。

李建成那边也越来越感觉到房玄龄、杜如晦的存在是祸患，一再请求，终于让高祖李渊将房玄龄和杜如晦调出了秦王府，并遣返回家，严令二人不得再跨进秦王府一步，违令则处死。

房杜二人一去，李世民顿感楚歌四起，决定放手一搏，死里求生。

该如何出手，而且一出手就要见血封喉、不留余地，李世民必须求助杜如晦、房玄龄出谋划策。

李世民让长孙无忌去请房杜二人进府商议。

房杜二人拿了李世民一把，表示自己已被遣返回家，一旦听从召唤进府，则属于违令抗旨。违令抗旨即是死罪，不敢有违。

李世民急得不行，解下身上佩刀给尉迟敬德，让尉迟敬德强请，如若不来，马上放血！

房玄龄和杜如晦其实是在试探李世民的决心，看尉迟敬德提了刀来，知大事谐矣。遂改装成道士样，潜入秦王府，策划出了举世震惊的"玄武门事变"。事成之后，李世民被立为皇太子，杜如晦被任命为太子左庶子，后迁兵部尚书。贞观元年（公元627年），李世民改元之后，杜如晦被封为蔡国公，赐实封一千三百户。改年，贞观二年（公元628年），杜如晦检校侍中，兼任吏部尚书。贞观三年（公元629年），杜如晦代替长孙无忌为尚书仆射，与房玄龄为李世民左右相，一起辅佐朝政，史称良相。

生身功、死后名，都是从"玄武门事变"中来的，所以，说杜如晦是"玄武门事变"的罪魁祸首，杜如晦全认了。

第三章 贞观天子

95

"唐太宗纵囚"事件是传说还是史实?

唐太宗的文治武功,远迈千古。

唐太宗胸襟之开阔,气魄之雄大,乃是有目共睹。

唐太宗开创出的"天可汗时代",足让每一个中国人都为之骄傲。

而围绕着唐太宗这个千年不两见的"天可汗",历史上出现了许多让人津津乐道的故事。

其中,"唐太宗纵囚"事件,更让人心生敬服、钦佩无限。

李世民悲天悯人,爱民如子,一生提倡慎用刑罚,即使对那些依法被判处死刑的囚犯也充满怜悯之心。贞观六年冬,大理寺卿上奏折给唐太宗,说狱中有三百九十名死囚将在来年秋后问斩,但这些人心中牵挂家中父母,弱妻幼子未曾妥善安顿,日夜啼哭。相关官员竭尽所能均不能令他们停止哭闹,因此建议提前用刑。唐太宗阅卷沉思,最终做出一个疯狂的决定:下旨将这些死囚全部释放回家,以一个月为期,等他们处理好后事之后再自动回来受刑。消息传出,震骇一时,百姓们都为皇帝的仁慈而感动,却又都担心这些死囚一去不回,为害社会。该年元宵节,是死囚回来报到之日,三百九十名死囚居然一个都不少回到了监狱。唐太宗看见他们全都诚实守约,又下诏将这些囚徒免于死罪,改为流放。

必须交代清楚的是,这个故事并非编造,可以在《资治通鉴》和《新唐书》中查到。

"唐太宗纵囚"之举,老百姓无不心悦诚服,此事也在历史上传为美谈。大家都盛赞太宗恩德仁义,以至于感化囚犯,使之洗心革面。

白居易在《七德舞》一诗中大赞:"怨女三千放出宫,死囚四百来归狱。"

但是,不管怎么样,自古以来,人们习惯于趋生避死,死囚从监狱中出来,又全部视死如归、自动自觉地返回狱中领死,总让人觉得事不可信，仿佛是史家在编故事。

编撰《新唐书》的欧阳修相信此事的真实性，但认为里面水很深。

欧阳修专门写了一篇《纵囚论》，揭露其中水分。

欧阳修说："对于君子，可以施予信义；对于小人，只能施予刑戮。那些判定为死刑的人，都是罪大恶极之流，是小人中的小人。对于君子来说，很多人宁愿死于大义，不肯苟活于屈辱，但要他们做到视死如归，还是十分之十的难事；作为小人中之小人的死囚，却轻轻松松地视死如归，太违背情理了。"

欧阳修做了个假设，他说："有人以为，罪大恶极的死囚，的确是小人中的小人，这些小人中的小人，被唐太宗的恩德感化，一个个都变成了诚实守约的君子。但是，这恩德感化人的深度和速度让人难以置信。其真实的情况，不外乎唐太宗有意作秀，与囚犯达成默契：释放了，就一定要回来，回来了，就一定会赦免罪行。最终，上唱下和，共欺世人。唐太宗可因此得贤君之大名；囚犯则可死里逃生，重获新生，双方共赢，一拍即合。只是这么一来，还哪有恩德诚信可言呢？"

欧阳修的结论是："太宗之为此，所以求此名也。"

欧阳修的论断，得到了清代大儒王夫之的附和。

王夫之分析：死囚一个不少地回归监狱，并不是受到什么感化，而是根本上逃无可逃。

王夫之指出，唐太宗之世，法令严密，乡民之间，什伍连坐相保，宗族亲戚比邻而处，北不可以走胡，南不可以走粤，囚犯逃得了一时，逃不了一世，逃得了和尚，逃不了庙。

王夫之因此说："古所未有者，必有妄也；人所争夸者，必其诈也。"即"纵囚"一事有违常情、常理，其中一定有伪诈不实的地方。

欧阳修和王夫之质疑的理由完全充分。

试想想，唐太宗既然能有这么大的能力以恩德感化死囚，那么，贞观六年，他已经做了六年皇帝了，为何全国还有那么多敢犯死罪的人呢？

难道他们之前没有受到过皇帝德政的感化吗？

欧阳修指责唐太宗"好名"，还真不是冤枉他。

《资治通鉴》第一百九十二卷记载有这样一个故事：右骁卫大将军长孙顺德接受别人贿赂事发，唐太宗说："长孙顺德果真能有益于国家，我愿和他共享国家府库，有什么必要冒险贪渎呢？"其以长孙顺德早年战场有功劳为由，不追究责任，并在殿庭大大方方赐绢数十匹。大理少卿胡演为严肃国家法纪，仗义执言，说："长孙顺德贪赃枉法，罪不可赦，皇上您怎么还赏赐绢布给他？"唐太宗一本正经地说："长孙顺德是个血性男儿，对他来说，赐绢之辱，甚于受刑。如果他不知羞愧，就与禽兽等同，杀之何益？"

看，唐太宗以人治来糊弄法治，随心所欲，只凭自己一时之喜怒爱好来进行赏罚，根本就不把国家法律放在眼里，其目的不过在博取一个好名声而已。

如果说，不罚反赏长孙顺德的表演痕迹尚不明显，再来看《贞观政要》中记载的一件事：贞观二年，京师久旱，蝗虫大起。唐太宗入苑观察禾苗，看见了蝗虫，眼疾手快，连捉了几只，攥在手心，嘴里念念有词："人以稻谷活命，你们这些害人虫却把稻谷都吃光了，是害百姓的性命啊。百姓有什么过错？要说过错，全在我一个人啊，你们如果真有灵性，就到我的肚子里来吞噬我的心，不要祸害我的百姓。"一仰头，要把几只蝗虫吞到肚子里，左右官员赶紧拦阻，说："陛下，万万不能吞，吞到肚子里会出事的！"太宗从容地说："我就是希望能把灾祸转移到我的肚子里。"张口把蝗虫吞了。

爱民而吞蝗虫，这表演实在太过了。

清代林铭云看穿了唐太宗的把戏，一针见血地说："余尝谓太宗上苑吞蝗必非真蝗，真蝗岂可吞者？或用纸草剪作蝗形，掇而祝之，以愚左右耳目耳。"

一句话，唐太宗"好名"之欲，已经到了病态的地步。

《资治通鉴》卷一百九十三之唐纪九又载：九月，唐太宗修建好仁寿宫，改命为九成宫。然后，又要修洛阳宫。民部尚书戴胄上表劝谏说："天下刚刚由乱入治，百姓凋敝，帑藏空虚，若还要大兴土木，营造不停，国家财政将亏空而无法运行！"唐太宗立刻表态："戴胄与我没有半点亲戚关系，却能够这般忠直体国，知无不言，应该官升一级，以酬嘉奖。"他过了一段时间，又命将作大匠窦璡继续修建洛阳宫。窦璡凿池筑山，雕饰华靡。唐太宗觉得花费太多，马上下令撤毁了宫殿，并免除了窦璡的官职。

还有，唐太宗生怕自己身后名声受损，专门向修国史的褚遂良、房玄龄等人索书稿，已成千古丑闻。

无怪乎史学家黄永年说："旧时史书包括新旧《唐书》《通鉴》对唐太宗和所谓的'贞观之治'无不极尽夸饰之能事，即近时的通史、隋唐史仍多如此。其实这是受了唐人所修《太宗实录》和国史等的蒙蔽。"

唐太宗在魏征死后毁碑悔约为哪般？

中国古代历史上有许多相得益彰的君臣典范，他们君臣唱和，犹如双星争辉，照亮历史的夜空，为后世君臣竭力仿效的楷模。

这其中，有周文王和姜子牙，有齐桓公和管仲，有齐景公和晏婴，有秦孝公和商鞅，有汉高祖和张良，有曹操和荀彧，有刘备和诸葛亮，有孙权和鲁肃，有苻坚和王猛，有唐太宗和魏征，有宋太祖和赵普，有明太祖和刘伯温，有明成祖和姚广孝……

以上君臣组合，基本都以善始，以善终。

今天，专门来说说貌似"以善始，以善终"的唐太宗和魏征君臣。

魏征是唐太宗李世民登位前的政敌、太子李建成手下掌管图籍的洗马官。

"玄武门事变"前，魏征没少向李建成出主意以除掉李世民。李世民铲除东宫集团，杀死李建成后，曾想一同杀掉魏征，责问魏征："你为什么在我们兄弟中挑拨离间？"魏征真不怕死，如实回答说："可惜那时候太子没听我的话。要不然，也不会发生这样的事了。"李世民早听说过魏征的名字，知道他是个人才，再看他说话如此有胆识，就想收为己用，换了副口气，和颜悦色地说："这已经是过去的事，就不用再提了。"

唐太宗重用魏征，委任魏征为谏议大夫（专门向皇帝提意见的官职），以后又提拔他当宰相。魏征也尽心辅佐唐太宗，以实事求是的精神大胆进谏，在任职的几十年间，先后向唐太宗进谏了二百多次。每一次，唐太宗都慎重地思考他所提的意见，尽量采纳。

某天，唐太宗突如其来地问魏征："历史上的人君为什么差别这么大？有的极其明智，有的却无比昏庸？"

魏征怔了怔，说："多听取各方面意见的君主就明智，只偏听某一方面意见的君主就昏庸，所谓'兼听则明，偏听则暗'是也。"

唐太宗拊掌赞道："兼听则明，偏听则暗，总结得太精辟啦！"

魏征样貌不过一普通人，却有胆识谋略，能使皇帝根据自己的想法做出调整，即使皇帝已经龙颜大怒，他也敢于当面直言规劝而面不改色。

魏征某次请假回家上坟，回来后对唐太宗说："我在回来途中，听别人说，皇上打算去秦岭终南山中打猎取乐，一切已经安排妥当、整装待发。但现在居然又不去了，是什么原因呢？"唐太宗不好意思地答道："起初确实有这样的打算，但爱卿这不是回来了吗？是担心会遭到爱卿的责怪，所以就半路停下了。"

唐太宗畏惧魏征，竟畏惧到了这个地步。

实际上，唐太宗自己就曾亲口说过："魏征，朕所畏惧者也。"

还有，唐太宗曾得到一只上等鹞鹰，放在手臂上把玩，好不惬意。突然魏征要来面圣，唐太宗藏无可藏，只好把鹞鹰塞入怀中。魏征眼尖，早看见了，就故意使坏，有一搭没一搭地和唐太宗聊起国家大事来，从北胡聊到东粤，没完没了，最终使鹞鹰活活地闷死在了唐太宗的怀里。

濮州刺史庞相寿贪污腐败，事发，受到了撤职处分。庞相寿是跟随唐太宗出生入死几十年的老臣，不甘心就此倒台，冒死求见唐太宗，大打感情牌，请求免于处罚。唐太宗想到庞相寿劳苦功高，心一下就软了，同意他仍旧留任原职。

魏征不服，上书说："皇上您这不是纵容贪赃枉法吗？这个口子一开，以后还怎么杜绝贪污腐败的现象？"唐太宗冷静慎思，撤销了自己赦免的命令，仍将庞寿相撤职查办。

唐太宗巡幸洛阳，住显仁宫，看到茶具都是前朝旧器具，奉上的菜色也很普通，便大骂了总管一通。

魏征知道此事，坐不住了，跑来面见唐太宗，以隋炀帝奢侈贪婪终致亡国的教训告诫唐太宗，说："一国之君，可不能开奢靡风气的源头，以防上行下效啊。"

这件事，以唐太宗为自己的行为做出检讨而告终。

高句丽向唐太宗进献了两位美女，魏征又跳出来反对接受。

唐太宗只好悻悻地说："好吧，高句丽人去年进献了两只鹦鹉，弄得我有事没事老想着回宫，真要接纳了这两位美女，估计我连宫门都不想出了。"派人将美女送了回去。

唐太宗没接纳高句丽美女，却下诏将官员郑民的女儿纳为妃子。

魏征又急冲冲入宫进谏："陛下为天下百姓父母，当忧其所忧，乐其所乐。居住在宫室台榭之中，要想到百姓都有屋宇之安；吃着山珍海味，要想到百姓无饥寒之患；嫔妃满院，要想到百姓有室家之欢。郑民之女，早已许配陆家，陛下却要将她纳入宫中，这是为民父母的道理吗？"唐太宗听了，只好讪讪收回成命。

魏征说郑民的女儿已许配陆家，陆家赶紧派人递上表章，声明自己家虽然和郑家有资财往来，但实无定亲之事，敬请皇上不要心存顾忌而放弃这桩美事。

魏征却说："陆家急于否认此事，不过是害怕陛下以后因为此事会加害于他们罢了。"

唐太宗将信将疑，却无心再理会此事了。

唐太宗鉴于兵源短缺，准备征用不到参军年龄的少男入伍。但诏令转到门下省时，魏征拒不签字。唐太宗大怒，指着魏征的鼻子说："这件事，我已经决定这样做了，没有商量的余地。"魏征振振有词地回应："竭泽而渔，来年无鱼；焚林而猎，来年无兽。少男充军，租赋杂徭下降，更何况兵不贵多而贵精，不需要凑数的。"

唐太宗看着魏征一副欠揍的嘴脸，想发作又无从发作，最后只好拉倒。

征兵是国家大事，魏征要出头管理，那也算了。

对于唐太宗的家事，魏征也时不时要插手。

长孙皇后生育的长乐公主将要出嫁了，唐太宗特别疼爱她，敕令有关部门准备的嫁妆比皇姑永嘉长公主多一倍。魏征不乐意，劝谏说："汉明帝想要分封皇子采邑，说，'我的儿子怎么能和先帝的儿子相比呢？'下令给自己儿子的封地只是自己兄弟封地的一半。如今公主的陪送，比长公主多一倍，正与汉明帝的意思相反，陛下不觉得惭愧吗？"

唐太宗听了，哑口无言。

老实说，魏征的直谏，有时候很让人下不来台。以至于唐太宗不得不私下里跟魏征说："你可以当时应付一下，等别的时候再来提意见不行吗？"魏征拿史上明君舜这一顶大帽子来压唐太宗，说："以前舜告诉大臣，叫他们不要当面服从，背后却有意见。假如臣当面答应了，以后又来提意见，这就是背后有意见。这可不是稷、契对待尧、舜的态度。"唐太宗碰了这个冷钉子，可谓自讨没趣。

唐太宗有时候也奇怪自己为什么这么害怕魏征。

有一次，君臣在丹霄楼宴饮，唐太宗有了几分醉气，歪着脑袋向旁边的长孙无忌吐槽说："魏征、王珪这些人，之前在东宫做事，做了许多恶心事，我却能弃怨用才，自比古人应无愧色。但魏征每向我建议什么事，只要我没接受，那么，无论我再说什么，他也对我爱理不理的了，我居然还拿他没办法，这都是些什么事呀？"魏征嘿嘿一笑，说："我是认为某事不可行才提出劝阻的，如果皇上您不肯听从，而我又听随您去做，那我也太没有原则了。"唐太宗借酒盖脸，哈哈一笑，说："人家都说魏征举止粗鲁，我看这正是他妩媚可爱的地方！"

贞观之治，大唐国力蒸蒸日上，直追西汉之武帝朝、东汉之光武朝，而在西汉之武帝朝、东汉之光武朝，都有过泰山封禅的盛举。唐太宗也就有了泰山封禅的想法，群臣也都热烈响应。独独魏征，却大唱反调。

唐太宗在退朝后问魏征："你反对封禅，是不是认为我的功劳不高、德行不尊、中国未安、四夷未服、年谷未丰、祥瑞未至？"魏征直接揭唐太宗爱慕虚荣的老底，说："车驾东巡，千骑万乘，耗费巨大，此举其实是图虚名而受实害之事，有什么值得做的呢？"

一句话，魏征就是这么傲娇。

有一次，魏征在朝廷和唐太宗为某事争得面红耳赤。唐太宗气得要死，退朝后，回到内宫，气冲冲地说："总有一天，我会控制不住自己而杀死这个乡巴佬！"长孙皇后吓了一跳，问"不知道陛下想杀哪一个？"唐太宗恨恨地说："还不是那个魏征！他总是在公开场合侮辱我，让我下不了台，有一天我会让他整疯的！"长孙皇后听了，盈盈下拜。唐太宗惊奇无比，问："你这是干什么？"长孙皇后说："我听说英明的天子才会有正直的大臣，现在魏征这样正直，正说明陛下的英明，我这是向陛下祝贺呢！"唐太宗哭笑不得，此事只好作罢。

贞观十六年（公元 642 年），魏征病逝，唐太宗惆怅无限，自言自语地说："夫以铜为镜，可以正衣冠；以古为镜，可以知兴替；以人为镜，可以知得失。我常保此三镜，以防己过。现在魏征过世，我失去了一面镜子啊。"

如果唐太宗和魏征的故事到此为止，则他们作为明君与净臣之典范，将被传颂千古而无半点瑕疵。

但是，不久之后，唐太宗就下令砸毁魏征墓碑，为他们君臣之间的情谊写下了阴冷灰暗的一笔。

原本，魏征病逝，唐太宗就亲自撰写碑文，并在碑石上书丹，这是千古难得一见的礼遇。

此外，唐太宗还下旨将衡山公主许配给魏征长子魏叔玉。

但是，有两件事，惹得唐太宗非常不高兴，最后，忍无可忍，疯性大发，做出了毁碑悔约的不冷静行为。

第一事：魏征生前曾越位荐相，向唐太宗极力推荐杜正伦和侯君集，说二人均有宰相之才。唐太宗听从其言，拔杜正伦为兵部员外郎，后又改任太子左庶子，侯君集则官至检校吏部尚书。但这两人不识好歹，居然与太子李承乾密谋造反，做出了人神共愤的丑事！于此，魏征难辞荐人失当之责。

第二事：魏征此人极有心计，一直以来，其写给皇帝的奏折都留有副本，并在死前交给了史官褚遂良，以求录之国史。魏征这么做的原因很简单：讪君卖直，为自己博取"致君尧舜上"的好名声，即贞观之治，并不是皇帝有多英明，而是自己这个名臣有多能干，一心一意想要留名青史。实际上，魏征这么做，就会不可避免地有压低唐太宗而提高自己之嫌，理所当然触怒到同样"好名"的唐太宗了。

唐太宗一怒之下，下旨解除把衡山公主许配给魏征长子魏叔玉的婚约，并对已入黄土的魏征进行"推倒碑石""磨灭碑文"的侮辱，虽不是"鞭尸"，却已收到了"鞭尸"的效果。

虽说，贞观十八年初唐太宗东征高句丽失利，突然想起了魏征，不无后悔地说："如果魏征还在的话，绝不会让我犯这个错误。"回朝后下令重加赏赐，抚慰魏征家人，让魏征的儿子承袭了国公的爵位；并派人去祭奠魏征，将魏征的碑重新立好，重塑了自己的纳谏惜臣形象。但"毁碑悔约"的那一笔，却永远也无法涂抹去了。

第四章 盛唐气象

 巾帼英雄冼夫人，子孙均为忠义之士

提起中国古代巾帼英雄，大家首先会想到花木兰、佘太君、穆桂英、梁红玉。

非常遗憾，上述这几个人要么纯属演义小说虚构，要么就是戏曲评书故意夸大其事迹，事实上乏善可陈。

的确，受中国古代封建思想影响，中国人向来主张"男主外、女主内"，行军打仗是男人的事，女人负责洒扫庭院、烧火做饭、缝衣织布。

甚至，在相当长一段时间内，女人的脚还被包裹起来，美其名曰：三寸金莲。

这样一对三寸金莲，连走路都困难，还谈什么巾帼英雄？

不过，世事无绝对。

中国古代少数民族还是出现了不少巾帼英雄。

比如南北朝末期的冼夫人，明中叶抗倭女英雄瓦氏夫人，等等。

这里着重说说冼夫人。

冼夫人，名英，广东高凉人氏（今广东茂名市电白区电城镇山兜村人）。

在岭南，冼氏是大族，冼英的父亲是拥有十几万户的部族首领，跨据广东粤西一带山区。

冼夫人自幼追随父兄逞勇斗狠，经历过多次部族之间的械斗，颇有男儿气概，稍长更得异人传授武艺及韬略，不但能够挽弓执刀与敌人拼斗，而且深谙行军布阵之法，因此深得同族的器重和信赖，甚至海南儋耳诸部落民族也望风归附。

南梁罗州（今化州境内）刺史冯业，为了壮大自己的声势，同时也欣赏冼英的才识，降尊纡贵地为儿子冯宝向尚系蛮族的冼氏求亲。

冯宝也是少年英雄，新任高凉郡太守。

冼氏部族自然喜出望外，于是，冼英便成了太守夫人。

冼英见识不凡，成为太守夫人后，便向梁武帝萧衍力陈在海南设置州府的重要性，使从汉元帝时算起已有六百多年孤悬海外的海南岛重新划归中央政权的统治。

冼夫人还专程从岭南远赴海南，像黄道婆一样传播中原文化和各种生产技术，改变海南落后闭塞的局面。

公元558年，岭南大乱，冼夫人劝服百越，平定了广州刺史欧阳纥的叛乱，陈朝政府为了鼓励她，封她为"石龙郡太夫人"。

公元589年，隋灭陈，岭南的州郡一致推举冼夫人为主，尊为"圣母"，劝她割地为王，自成一国。而隋大军到了岭南边境，慑于冼夫人的雌虎之威，也只是徘徊张望，不敢轻举妄动，这种情况下，冼夫人完全可以搞分裂，闹独立。

可是，冼夫人却能看清形势，顺应历史潮流，毅然归顺大隋。

杨坚感其忠义，册封她为"宋康郡夫人"。

公元590年，冼夫人以近七十岁的高龄出征，平定了广州番禺王仲宣的叛乱，全面安定了岭南地区，杨坚震惊万分，册封她为"谯国夫人"，授六州兵马权。

冼夫人生逢乱世，历经梁、陈、隋三朝近八十年，活动范围覆盖南越十余州，始终能以全局为出发点，为国家统一和民族团结而奋斗。

冼夫人的儿子冯仆、孙子冯盎受其政治思想影响，都致力于为国家的统一事业做贡献。

大唐开国，冯盎举高、罗、春、白、崖、儋、林、振八州降唐，任高州总管，封耿国公。

当时，有部下对冯盎说："唐室现在才初定中原，所谓天高皇帝远，根本没有能力控制咱们，现在咱们已坐拥二十多个州郡，地盘比当年的南越武帝赵佗的南越国大多了，咱们也可以自称南越王。"

冯盎大义凛然地说道："我冯家定居广州五代，富贵极盛，但我秉承家风遗训，遵奉中原正朔，怎么敢效仿赵佗偏安一隅称王称霸，而使先人蒙羞呢！"

 ## 隋唐四代帝王为何都要和高句丽干到底？

大家都知道，隋朝的灭亡与隋炀帝三征高句丽有极大关系。

为了征讨高句丽，隋炀帝穷兵黩武，劳民伤财，弄得天怒人怨，四海鼎沸。

齐郡邹平人王薄当时作了一首征辽东的歌谣，唱："长白山前知世郎，披着红罗绵背裆。长矟侵天半，轮刀耀日光。上山吃獐鹿，下山吃牛羊。忽闻官军至，提刀向前荡，譬如辽东死，斩头何所伤。"

这首歌谣一问世，立刻传遍大江南北，大泽龙蛇，闻风而动，英雄豪杰，逐鹿中原。

隋王朝也最终在风起云涌的内乱中轰然倒塌。

这里有一个问题，隋炀帝并非演义小说中写的那样昏庸无能，和高句丽开战失利的后果他也并非没有想过，但他为何毅然决然地三番四次要与高句丽死磕呢？

这里，得说一说高句丽的由来及其所作所为。

首先，高句丽是存在于中国东北地区和朝鲜半岛北部的一个少数民族（地方）政权。甚至可以说，高句丽的历史是中国历史的一部分。因为，高句丽的统治中心和主要领土都在辽东半岛，即中国东北。

事实上，在汉武帝时代，朝鲜半岛北部也是大汉王朝不可分割的一部分，汉政府曾在其上建立了四个郡。

高句丽的崛起，是地方势力的割据和壮大。

在中原王朝遭遇三国、南北朝对峙等长达数百年的大乱时，高句丽占据了辽东大部分领域，并彻底吞并了"朝鲜四郡"。

大隋王朝建立后，统一四海成了时代的主旋律。

对于任何一个有作为的君主来说，都应该以恢复汉代旧疆为己任。

当然，大隋开国之初，隋文帝一时还腾不出手来收拾高句丽。

高句丽却唱起了主角，一方面向南陈称臣，和南陈结成战略攻守同盟，另一方面勾搭突厥，妄图与南陈、突厥三方从南北两面夹攻隋朝，阻止隋朝完成统一大业。

这让隋文帝好不气恼。

等相继消灭了突厥、陈朝后，开皇十八年（公元598年），隋文帝调集了三十万大军以泰山压顶之势扑向高句丽。

可是，在此次大战中，由于粮草不济、疫病流行和其他自然灾害的原因，隋的三十万大军几乎全军覆没。

隋文帝目瞪口呆。

不过，高句丽也是奄奄一息，仅余半条命。

国王高元赶紧上表自称"辽东粪土高元"，向隋文帝称臣。

隋文帝心虽不愿，却也无力再打，只好把未完成的历史使命交给下一任帝王——隋炀帝。

高元虽然自称"粪土"，其实不甘于向隋称臣，仍积极奔走，与突厥、契丹、靺鞨交好，想与隋朝对抗。

高元的表现，隋炀帝当然不能容忍。

在隋炀帝看来，高句丽就是不肯服从于以隋朝为主导的秩序，它是在和隋争夺东北亚的主导权。

为了重整秩序，从大业八年正月到大业十年二月，隋炀帝连续三次征伐高句丽。

其中气势最为浩大的是第一次，当时，隋炀帝意在震慑，出动了一百一十三万大军。

结果，队伍庞大，行动迟缓，后勤负担沉重，最终自己把自己拖垮，惨败而归。

第二次征战，隋炀帝仍在打心理仗，在各大军队中设立了受降使者，一旦高句丽请降，就得停止进攻。这一点，被高句丽充分利用，时降时战，反反复复，隋军被戏耍得元气大伤，仍是失败而还。

最后一次征讨高句丽时，隋内乱加剧，隋炀帝中途取消了进攻高句丽的计划。民心已乱，烽烟四起，隋王朝很快走向了灭亡。

但是，不彻底解决高句丽问题，高句丽就有可能成为东北亚霸主，国际秩序就会因此而改写。

所以，在隋王朝废墟之上建立起来的唐王朝，仍把打击高句丽当成大事、要事来抓。

因为，如果不打趴高句丽，那么大唐王朝就无法成为东亚世界的合法领袖。

而对于已经占据了东北的一大片领土的高句丽来说，其即便没有和中原王朝争夺东北亚霸主的雄心，但也是一个事实上与中原王朝平起平坐的地方政权。

由此，唐太宗、唐高宗两朝，初唐名将李勣、程名振、苏定方、庞孝泰、薛仁贵等一拨又一拨走上征战高句丽的战场，终于在唐高宗乾封二年（公元 667 年）平灭了高句丽，在平壤设置安东都护府。

为了搞定高句丽，中原王朝动用了两朝四代的国力，历时七十余年，出兵十余次，代价虽然有点大，但结果很值。

 ## 薛仁贵两次接受敌人十万人以上下马跪拜投降

提起唐初名将薛仁贵，很多人受《薛仁贵征东》等演义小说影响，以为这是个被小说神化、夸大的人物。

其实，演义小说把薛仁贵神化为白虎星降世，反而弱化了人们对薛仁贵的认识。

历史上薛仁贵的所作所为，绝对超出你的想象。

他不是神话，却有神一样的表现。

薛仁贵是山西绛州龙门人，天生神力，以耕种为生，到了三十岁，家里仍穷困不堪。薛仁贵认为是祖坟风水不好，打算通过迁移祖坟以转运。妻子柳氏劝他说："大丈夫要懂得抓住时机，现在天子御驾亲征辽东，正需要猛将，你有一身的本事，何不从军立个功名？等你富贵还乡，再改葬父母也不晚！"

薛仁贵壮其言，从之。

世上许多事理就这样，如果一个人没有找准自己的位置，没有找到属于自己的舞台，可能就会寂寂无闻地度过一生。而一旦找到了适合自己发展的领域，不亚于如鱼得水，怎么来怎么有。

薛仁贵到了战场上，很快就脱颖而出。

贞观十九年（公元 645 年）三月，在辽东安地战场上，唐军统帅刘君邛陷于敌人重围之中，眼看就要束手就擒。值此危难时刻，薛仁贵单枪匹马杀入，惊艳亮相，轻而易举地完成了百人斩，成功地上演了自己的个人处子秀：他将一高句丽将领首级悬挂于马上，敌人睹之胆寒，纷纷易辟。

此战，只是一名普通小兵的薛仁贵名扬军中。

仅仅一个月之后，薛仁贵又有惊爆眼球的表现。

高句丽大将高延寿、高惠真率军二十万在至安市一带依山设防，抗拒唐军。

唐太宗亲临一线，居高指挥。

诸军知道天子掠阵，士气空前高涨，无不倾力表现。

为了抢镜，薛仁贵特意穿了一身耀眼的白衣银甲，手持方天画戟，腰挎两张弓，单骑冲阵，不要命地杀入敌人二十万大军的大阵里，来回冲杀，反复切割，愣是把敌人的阵形打乱。

唐太宗神飞色动，连声喝彩，挥军掩杀，一下子就把高句丽军击溃了。

战后，唐太宗专门指定要见白袍战将，赐马二匹，绢四十匹，生口十人为奴，并提升为游击将军、云泉府果毅。

不过，随着战事推进，到了深冬，唐军征衣单薄，粮饷难继，只好班师。

唐太宗怅怅然地对薛仁贵说："跟随朕开国打天下的豪杰猛将都老了，难堪远征大任，一直想选擢骁雄之士以托付守护江山重任，现在看来，没有人比你更合适了。朕不喜得辽东，喜得卿也。"

唐太宗认为，辽东百万领土尚且比不上薛仁贵一个人有价值，这评价也是没谁了。

可惜的是，唐太宗没能看到薛仁贵之后的神奇表现。

显庆三年（公元658年），薛仁贵随营州都督兼东夷都护程名振再征高句丽。

薛仁贵负责打头阵，一举攻克赤烽镇，斩首四百人俘一百余人。

随后，又击溃高句丽大将豆方娄所部三万人，斩首两千五百级。

次年冬，薛仁贵败高句丽大将温沙门于横山（今辽阳附近华表山），又于石城单骑陷阵，生擒高句丽神射手。

在石城之战中，高句丽的神射手连施冷箭，射杀唐军十余人。薛仁贵目眦尽裂，策马冲阵，犹如离弦之箭，避开高句丽人射来的箭矢，将那神射手生擒于马上，两军将士睹之，惊为天神。

这年十二月，薛仁贵北上黑山击契丹，擒契丹王阿卜固及诸首领回京献俘。

龙朔元年（公元 661 年）十月，铁勒进犯唐边。唐高宗授薛仁贵为铁勒道行军副总管命其出征。大军开拔前，唐高宗设宴饯行，故意对薛仁贵说："古善射有穿七札者，卿试以五甲射焉。"薛仁贵一笑应命，置甲取弓试射，但见弦动箭飞，火星飞溅，箭竟穿五甲而过。唐高宗大喜，命人取坚甲赏赐薛仁贵，壮其行色。

龙朔二年（公元 662 年）二月，回纥铁勒九姓突厥（九部落）聚兵十余万人，恃天山（今蒙古杭爱山）设险阻击唐军。

在这儿，薛仁贵书写了他军事史上最为浓墨重彩的代表作——三箭定天山。

交战时间是该年三月初一。

铁勒十数员大将出阵搦战，薛仁贵连发三箭，铁勒三员大将坠马而亡。

铁勒大军震怖色变，薛仁贵挥军掩杀。

铁勒军阵脚大乱，纷纷下跪求降。

因为无从安置这十余万人，薛仁贵做了一件古今名将所不齿的丑事，竟将之全部坑杀。

回纥九姓突厥受此重创，迅速衰落。

薛仁贵将铁勒首领叶护三兄弟押解回京献俘，世间流传歌谣"将军三箭定天山，壮士长歌入汉关"。

消除了北患，乾封元年（公元666年），薛仁贵再回到高句丽战场，又华丽丽地上演了一次单骑百人斩，解新城之围，除辽东道行军大总管李绩之困。

次年十月，薛仁贵率三千人与高句丽主力部队（有书记载高句丽军出战士兵多达二十万）会战于金山（今辽宁本溪东北之老秃顶山），薛仁贵率部斩敌首五万余，为金山之战奠定了胜局。

为此，唐高宗亲笔写诏书慰劳薛仁贵。

十一月，薛仁贵又率两千玄甲骑兵奔袭扶余城，斩敌二万有余，顺利攻占坚城扶余，惊吓得余川中四十多座城市望风而降。

薛仁贵之名威震辽海，成了高句丽心头的魔咒，听到就心惊肉跳。

次年九月，薛仁贵下平壤，高句丽国灭。

唐军班师后，薛仁贵负责留守平壤，封右威卫大将军、平阳郡公，兼安东都护。

非常有意思的是，薛仁贵治理辽东期间，史书说："（薛仁贵）抚孤存老，检制盗贼，随才任职，褒崇节义，高句丽士众皆欣然忘亡。"高句丽人不但没有记恨薛仁贵，也忘记了亡国之痛，把薛仁贵当成了救世主。

也在这个时候，薛仁贵编撰了他的军事著作《周易新本古意》。

话说回来，薛仁贵终究是人，不是神，他也并非百战百胜，从无一败。

青海大非川之败是薛仁贵平生最大败迹，也是唐初战史上的一大耻辱。

该战的对手是新崛起的吐蕃，而薛仁贵年已六十一岁，仓促应命，又受郭孝恪的儿子郭待封的掣肘，以三万人在大非川（今青海共和县西南切吉平原；一说今青海湖西布哈河）接战吐蕃四十万大军，最终遭受了平生第一次大败。

饶是如此，薛仁贵仍予对方以重大杀伤，逼迫对方同意议和罢兵。

战后论罪，薛仁贵差点被斩，幸亏唐高宗念其功大，法外开恩，贬为平民。

不过，自薛仁贵离开辽东，高句丽便发生了叛乱。

没办法，解铃还须系铃人。

薛仁贵再次得到起用。

薛仁贵回到辽东，叛乱自动平息。

此后，六十多岁的薛仁贵在宦海中沉浮起落，先是被贬到象州，后因东突厥侵扰唐北境，又拜瓜州长史、右领军卫将军、检校代州（治雁门，今山西代县）都督。

永淳元年（公元682年）冬，六十九岁高龄的薛仁贵顶风冒雪，带病在云州，即今天的大同一带，阻击突厥人。

突厥统帅阿史德元珍与薛仁贵狭路相逢，惊问："老将军是谁？"

薛仁贵答："薛仁贵。"

阿史德元珍疑惑地说："我们听说薛仁贵将军发配到象州，已经死了，怎么又在云州出现？一定是骗人的！"

薛仁贵哈哈大笑，拿下头盔，让阿史德元珍细看。

阿史德元珍看见真是薛仁贵，立即下马跪拜。

这是第二次有十万敌军向薛仁贵下跪投降。

但薛仁贵并未放过他们，挥军逐杀，斩首一万多，俘虏三万多，缴获牛马无算。

这是薛仁贵最后一次大胜。

永淳二年（公元683年）三月二十四日，薛仁贵因病于雁门关去世，充满传奇的一生终于落幕，享年七十岁，被朝廷追赠为左骁卫大将军，幽州（今北京城西南）都督。

薛仁贵是对外族作战的英雄，是中华民族不该忘记的战神。

 此初唐悍将前后灭三国，皆生擒其主

韩国忠清南道扶余郡有一座名叫定林寺的古庙，庙内有一座五层石塔，塔底有《大唐平百济国碑铭》，为唐朝左武卫大将军、上柱国、邢国公苏定方讨平百济后所刊刻的纪功碑，故又称《苏定方塔》《苏定方碑》《苏定方平百济塔》《苏定方伟绩勒铭》《苏定方平百济塔碑铭》。

碑铭上的记载是流传至今有关大唐联合新罗灭亡百济的最直接、最基本的珍贵史料。

现在，定林寺址平济塔已被韩国政府列为第九号国宝。

一些对历史缺乏了解的韩国人也把苏定方奉为本国民族大英雄。

其实，苏定方是如假包换的中国人。

苏定方，汉族，生于公元 592 年，冀州武邑（今属河北）人，后迁居始平（今陕西兴平以南），千古罕有的良将、猛将，一生征战数万里，东至朝鲜，西至乌兹别克斯坦，北到蒙古草原，南到青藏高原，灭敌无数，为唐朝开疆拓土数千里，功勋卓著。

隋末乱世，年方十五的苏定方提枪上马，征战疆场。

史称苏定方"骁悍多力，胆气绝伦"，杀张金称于郡南，败杨公卿于郡西，后投窦建德、刘黑闼。

窦建德、刘黑闼相继败亡，苏定方归隐乡里。

唐贞观初年（公元 627 年），唐太宗惜才爱才，起用苏定方为匡道府折冲都尉。

从此，苏定方走上了杀伐四方，为唐朝开边定土的征程。

贞观四年（公元 630 年），定襄道行军大总管李靖远征东突厥，苏定方为先锋，率领二百名手持弓弩的骑兵乘大雾疾行，突袭颉利可汗牙帐，掩杀数十百人，颉利及隋公主狼狈散走，余众俯伏，奠定了阴山大捷的基础，顺利平灭东突厥。

战后论功，苏定方授左武侯中郎将，后转左卫中郎将。

永徽六年（公元 655 年）春，朝鲜半岛上的高句丽、百济、靺鞨联合进攻新罗，攻占其北境三十余城。新罗向大唐遣使求援。苏定方随同程名振攻打高句丽，得胜而归，拜为右屯卫将军，封临清县公。

同年五月，苏定方又和葱山道行军大总管程咬金一起征西突厥，任前军总管，率五百骑败鼠尼施等部四万之众于鹰娑川（今新疆开都河上游裕勒都斯河谷）。

显庆二年（公元 657 年），苏定方任伊丽道行军大总管，再次征讨西突厥。

这次，苏定方大破沙钵罗可汗阿史那贺鲁，追至石国苏咄城（今乌兹别克斯坦首都塔什干西北），俘阿史那贺鲁，平灭了西突厥。

西突厥灭亡，原臣服于西突厥的中亚诸国纷纷降附，整个西域置于唐朝的掌控之下。苏定方因功升迁为左骁卫大将军，封邢国公。其儿子苏庆节也得封为武邑县公。

显庆四年（公元 659 年）九月，疏勒、朱俱波、喝般陀三国复叛。苏定方任安抚大使，至叶水（今乌兹别克斯坦和塔吉克斯坦境内的锡尔河），选精骑长途奔袭，昼夜疾驰三百里，穷追猛打，葱岭（今帕米尔高原）以西全部平定。

显庆五年（公元 660 年），唐高宗亲自前往太原任命苏定方为神丘道大总管，命其率水陆大军十万余人征讨百济国。

苏定方自成山（今山东荣成市东北海边）乘船横渡黄海，直抵熊津江口（今朝鲜半岛南部锦江口），灭百济，擒其王扶余义慈，以其地置熊津、马韩、东明、金连、德安五都督府，并置带方州。

至此，苏定方"前后灭三国，皆生擒其主"。

大唐攻灭百济，是中国古代战争史上罕见的跨海两栖作战，规模空前，体现了唐朝初年强大的水军建设和先进的航海造船技术。

此战虽然没有达到灭高句丽的最终目的，但高句丽失去盟国，从此陷入孤立境地，而唐朝以百济故土为战略据点，对高句丽形成南北夹攻之势，为灭亡高句丽打下了坚实基础。

显庆五年（公元 660 年）十二月，唐高宗展开第二次征伐大战，诏以契苾何力为浿江道行军大总管，苏定方为辽东道行军大总管，刘伯英为平壤道行军大总管，程名振为镂方道总管，率兵分道进击高句丽。

龙朔元年（公元661年）八月十一日，苏定方破高句丽于浿江（今朝鲜大同江），数战皆捷，遂围平壤城（高句丽首都）。但北线的陆路唐军进展缓慢，苏定方军开始出现粮草、冬衣补给的困难，进攻的最佳时机已不复存在。坚持到龙朔二年（公元662年）二月，缺乏友军协同作战援助的苏定方知事不可为，无奈班师回国。

龙朔三年（公元663年）五月，唐朝西北边境局势又告不安，吐蕃与吐谷浑互相攻伐。吐谷浑落败后，请求移居唐朝内地。唐高宗任命左武卫大将军苏定方为安集大使，节度诸军，以定吐蕃、吐谷浑。

已是白发苍苍的苏定方慨然受命，西出阳关。

乾封二年（公元667年），苏定方病逝，终年七十六岁。

唐高宗闻讯后悲伤痛惜，下诏追赠苏定方为幽州都督，谥号为"庄"。

为了纪念这样一位战功赫赫的良将，朝廷后来将其画影图形，列入凌烟阁。

唐德宗时代，朝廷又将苏定方等古代名将六十四人设庙享奠。

在宋代设立的武庙中，苏定方赫然在列，为七十二名将之一。

可惜的是，就是这样一个"灭国神将"，在清代小说《说唐》系列里被描写成一个奸诈小人，先后施奸计射杀了罗艺、罗成父子，致使苏、罗两家仇深似海，恩怨纠葛涉及好几代人。苏定方也因此成了很多人心中的大反派，严重被黑。

 ## 为救一女子，此人于万军之中夺旗斩帅

论及中国古代历史，最令国人骄傲自豪者，莫过于汉唐两朝。

所谓"唐家雄魂，汉家气魄"是也！

这两朝不但国力强盛、国运绵长，而且威严不容挑衅，稍有犯者，虽远必诛！

西汉的霍卫时代自不必多说，迅若闪电，击若雷霆，打得匈奴人掩面痛哭："失我焉支山，令我妇女无颜色。失我祁连山，使我六畜不蕃息。"

即使到了东汉，汉家铁血本色也丝毫未褪。

超级牛人班超三十六骑出边塞，西域群国尽低头。

与汉代相比，唐代的强悍也不遑多让。在唐太宗建立的"天可汗时代"里，四方八荒的蛮夷之国纷纷入朝进贡，太宗皇帝君临天下、俯揽四海，俨然是全天下的君主。

而像霍卫之类的战神、班超之类的孤胆英雄，也是层出不穷，只不过，宣传力度不够，致使英雄豪杰长时间沉寂于故纸堆中。

席君买是真正的武将出身，《新唐书》卷二百二十一上记其"善使枪棒，弓马娴熟，能开六石强弓"。

话说，长期为害大唐边境的吐谷浑于唐贞观九年（公元635年）被唐军击溃。

吐谷浑可汗伏允兵败自杀，其长子慕容顺引兵出降，得封为西平郡王，居伏俟城。

慕容顺死后，其子诺曷钵继位，被封为河源郡王，号乌地也拔勤豆可汗。

为了更好地控制和笼络诺曷钵，唐太宗于贞观十四年（公元640年）将宗室女弘化公主许配给他，并加封为青海国王。

这么一来，明摆着诺曷钵是大唐的女婿，有大唐罩着。

但是，吐谷浑的丞相宣王跋扈，阴谋作乱，想袭击公主，劫持诺曷钵投奔吐蕃。

诺曷钵事先得到消息，急带轻骑前往鄯善城向大唐果毅都尉席君买求救。

席君买手下只有一百二十名骑兵，而宣王手下却拥众过万，怎么救？

席君买艺高人胆大，他对手下的一百二十名骑兵说，公主受辱，便是大唐受辱，我等救下公主，乃是奇功一件，宣王虽然人多，但一定不会料到我敢主动出击，以有备攻无备，一定可以得志！

这一百二十名骑兵都是驰骋于边陲多年的百战边兵，一个个志气比天高，听了席君买的话，全都摩拳擦掌，表示愿拼死一战，彰显唐家男儿雄风。

于是，一群人说干就干，风驰电掣，杀往宣王军队的驻地。他们没有从正面突入，而是从侧翼发动偷袭，直扑中军。

情形正如席君买事前所料，宣王军队猝不及防，一下子就乱了。

混乱中，席君买等人夺旗斩帅，不但连斩宣王的三位兄弟，还在众目睽睽之下射杀了宣王！

群龙无首，宣王的军队除了小部分惊溃逃散，大部分都跪地请降。

随后前来接受献俘的诺曷钵看到这一幕，觉得不可思议，嘴巴张得大大的，好久都合不拢。从此之后，对大唐更加敬若神明，百依百顺。

席君买领骑兵一百二十人平定吐谷浑内乱的壮举也因此永远镌刻进了中国的历史。

 ## 此国国主袭击唐使团，被一人天一国

大唐国力鼎盛，唐太宗俯揽四海，四方八荒的蛮夷之国纷纷入朝进贡，尊称唐太宗为"天可汗"。

大唐葱岭以南有国名叫天竺，当时分东西南北中五大块，其间的中天竺最为强大。

中天竺的国王在《旧唐书》里记为摩伽陀王，其名为尸罗逸多。

尸罗逸多看周边各国，包括东南西北天竺都纷纷归附唐朝，也不敢怠慢，于贞观十五年遣使朝贡。

唐太宗天公地道，给其降玺书犒劳。

第四章 盛唐气象

尸罗逸多受宠若惊，对左右大臣说："自古以来可曾有中华上国派人出使咱们这种粗鄙之国乎？"

众大臣羞赧无限，垂头答："未之有也。"

尸罗逸多泥首崇拜，虔诚万分地受诏书，愈加热烈地遣使朝贡。

唐太宗遣卫尉丞李义表为正使、本文主角王玄策为副使，于贞观十七年三月，伴随印度使节报聘。

贞观十九年正月，尸罗逸多带领大臣郊迎，倾城纵观，万民空巷，焚香夹道，拜受敕书。

接着，又敬献上火龙珠、郁金香、菩提树等瑰宝，让李义表、王玄策带回。

贞观二十一年（公元647年），唐太宗命王玄策为正使、蒋师仁为副使一行三十人出使西域，并到天竺答礼。

一路行来，收纳了许多国家的贡礼，眼看就要到中天竺了。

谁知，尸罗逸多于恒河溺水而亡，中天竺王国内大乱，阿罗那顺篡位。

阿罗那顺贼胆心虚，风闻天朝使者来了，生怕自己的王位得不到天朝的承认，一不做二不休，就想干掉使者团，杀人灭口，派了两千人马半路匿伏。

王玄策从骑三十人与之御战，不敌，诸国贡献之物尽被掳掠，王玄策、蒋师仁逃脱，立誓要灭掉阿罗那顺，以雪此耻！

当然，王玄策并非就这样哭着喊着逃回大唐，而是策马北上，过甘地斯河和辛都斯坦平原，一路来到泥婆罗（今尼泊尔）王国，以天朝的名义，向国王那陵提婆征调戎行，得到了七千泥婆罗骑兵。随后，又檄召临近处各大唐藩属国，外加吐蕃王松赞干布派来的一千二百名精锐骑兵，人马总数近一万。王玄策自命为总管，命蒋师仁为前锋，重返中天竺，向篡位者阿罗那顺应战。

战争竟然是这样的毫无悬念："玄策与副使蒋师仁率二国兵进至中天

竺国城，连战三日，大破之，斩首三千余级，赴水溺死者且万人，阿罗那顺弃城而遁，师仁进缉捕之。虏男女一万二千人，牛马三万余头匹。"

贞观二十二年，王玄策押解着这一万二千男女、三万余牛马回到京师，唐太宗龙颜大悦，命有司告宗庙，拜玄策朝散大夫。

高宗显庆三年（公元 658 年），王玄策第三次出使天竺，次年到达婆栗阇（今达班加北部）国，五年访问摩诃菩提寺，礼佛而归。

王玄策数度出使天竺，著有《中天竺国行记》十卷，图三卷，今仅存片断文字，散见于《法苑珠林》《诸经要集》《释迦方志》中。

王玄策"一人灭一国"的传奇在世界史上都是空前绝后的奇功，怅惘的是，因为缺少宣传，不为更多人得知。

于此，日本作家田中芳树不无诙谐地表明，我国古典名著《西游记》中玄奘法师西天取经的耀眼荣耀吞没了与之同年代的王玄策，而且王玄策的官位比较低，正史没有独立为他树碑立传，致使盖世英雄寂寂无闻。

也可以由此推知历史长河中不知吞没过多少像王玄策一类的英雄人物。

一句话，自古以来，中华民族从不乏王玄策之类的英雄人物，汉唐和现在都是中华历史上的盛世，凡犯我中华者，虽远必诛！

俄罗斯一酋长自称是唐太宗同姓兄弟宗亲

吉尔吉斯人是跨境居住的民族，主要分布在吉尔吉斯斯坦境内，其余分布在中国（中国境内称柯尔克孜族）、乌兹别克斯坦、塔吉克斯坦、哈萨克斯坦及阿富汗等地。

关于吉尔吉斯人的起源至今尚有争议。一般认为吉尔吉斯人的先民在两千多年前居住在叶尼塞河上游流域，后来逐渐向西南迁至天山地区，中国史书上先后称为"坚昆""黠戛斯"。

坚昆之称见于汉文史册，唐代文献记作黠戛斯。

《新唐书·列传》第一百四十二记："黠戛斯，古坚昆国也……人皆长大，赤发，析面，绿瞳，以黑发为不祥。"

黠戛斯曾先后与匈奴、丁零、鲜卑、柔然、突厥、薛延陀、回鹘等民族有过接触，曾被匈奴、鲜卑、柔然征服，也联合属部抗击过强悍的突厥、回鹘，唐初日渐鼎盛。

唐初，大唐帝国连破东突厥、高昌、薛延陀等游牧汗国，进入"天可汗时代"，四海臣服，万国来朝。

黠戛斯于公元648年入朝进贡，并且酋长失钵屈阿栈还与李唐皇室攀起亲来。

来自唐朝西北数千里、今俄罗斯叶尼塞河上游地区的游牧民族黠戛斯怎么会与李唐皇室扯上亲戚关系呢？

黠戛斯酋长失钵屈阿栈提到了一个人：汉将李陵。

《旧唐书·列传》第一百四十五记："黠戛斯自称李陵之后，与国同姓。"

话说，公元前99年，汉武帝派贰师将军李广利率三万铁骑出征匈奴。两军在天山开战，为减轻正面战场的压力，骑都尉李陵主动请缨，要求领五千步卒从居延海以北深入敌境，开辟第二战场，牵制匈奴军队。李陵部队行军一个月后，与匈奴单于率领的八万骑兵在浚稽山展开激战，十天共斩杀匈奴骑兵一万余人。最后因寡不敌众，矢尽粮绝，李陵被俘投降。

李陵投降的消息传到了汉朝，轰动一时，汉廷文武百官中大多数人都认为李陵罪不容恕，全家当诛，只有司马迁一人为李陵辩护，司马迁此举激怒了汉武帝，被关进了监狱。司马迁后来被处以腐刑。

与李陵不和的公孙敖趁机诬陷李陵传授兵法给匈奴单于，并准备侵犯汉朝。汉武帝一怒之下，灭掉了李陵满门。直到后来汉朝遣使匈奴时，才弄清楚教兵法给匈奴的并非李陵，而是另一位降将李绪。

灭门之痛，使李陵决意留在匈奴。匈奴且鞮侯单于对李陵十分器重，不仅把女儿嫁给了他，封他做金刀驸马，还封他为右校王。

汉武帝去世以后，汉朝多次派使者前往匈奴，表示汉朝已经大赦天下，希望李陵能够回归汉朝。李陵摸了摸自己的头发，说："吾已胡服矣！"再也没有回到汉朝，在匈奴生活了二十余年，于公元前74年病故。

黠戛斯酋长自称是李陵的后裔，与唐朝皇帝"天可汗"李世民是同宗。

如果黠戛斯酋长确系李陵后裔的话，那么他跟唐朝皇帝还真的是宗亲。

因为，李陵是陇西成纪（今甘肃静宁）人，西汉名将李广之孙。而唐朝皇帝的先祖也出自陇西成纪，亦自称是李广之后。

问题是，黠戛斯酋长自称李陵后裔是否可信呢？

史料记载，李陵被匈奴单于封为右校王后，负责管辖当时被匈奴征服的坚昆一带地区，而坚昆就是黠戛斯的古称。另外，黠戛斯人大多为赤发绿瞳，而自称是李陵后裔的黠戛斯人则为黑发黑瞳，明显具有同汉人混血的特征。因此，黠戛斯酋长自称是李陵的后裔，可信度还是很高的。

于是，黠戛斯酋长一行受到了唐太宗的热情款待。

宴会上，认亲成功的酋长开怀畅饮，请求归属唐朝。

唐太宗连连点头，答应在黠戛斯辖地设立坚昆都督府，隶属燕然都护府，封黠戛斯酋长俟利发为左屯卫大将军、坚昆都督。

黠戛斯自此纳入了唐朝行政体系，并同唐朝保持了上百年友好关系。

其中，公元708年黠戛斯遣使访唐，唐中宗抚使者背，语重心长地说："尔国与我同宗，非它蕃比。"使者听了，热泪盈眶，顿首泥叩。

黠戛斯也因此成了唐朝最忠诚的番邦，多次参加唐朝打击后突厥的军事行动。

唐玄宗曾在《征突厥制》诏书中大赞黠戛斯军队"弧矢之利，所向无前"。

突厥势力消亡后，新崛起的回纥（即回鹘）成了漠北草原的雄主，黠戛斯又跟随着唐朝利剑的指向把矛头对准了回纥人。

公元755年，安史之乱爆发，唐朝自顾不暇，黠戛斯在与回纥的争锋中惨败，"自是不能通中国"。

但黠戛斯人似乎继承了祖上李广、李陵渴望建功漠北的基因，没因此沉落，反而励精图治，于公元840年袭击回鹘成功，并一鼓作气消灭了回鹘汗国，终于成为漠北草原上的新雄主。

这时的唐帝国已经走向下坡路，黠戛斯以亲情为重，不带势利眼，于公元843年二月入使请求恢复同唐朝的藩属关系。

该年三月，唐武宗命宰相李德裕起草《赐黠戛斯可汗书》，并以太仆卿赵蕃为安抚黠戛斯使出使黠戛斯。

《赐黠戛斯可汗书》着重于叙亲情，称："又闻可汗受氏之源，与我同族，国家承北平太守之后，可汗乃都尉苗裔。以此合族，尊卑可知。今欲册命可汗，特加美号，缘未知可汗之意，且遣谕怀。待赵蕃回日，别命使展礼。"

公元845年，唐武宗还拟遣使册封黠戛斯可汗为"宗英雄武诚明可汗"，但其本人驾崩，此举未能实行。

两年之后，即公元847年，唐宣宗承袭武宗遗愿，册封黠戛斯可汗为"英武诚明可汗"。

后来，随着契丹崛起、蒙古扩张、噶尔丹的称雄，黠戛斯人的生存空间受到挤压，不断迁徙，分布到了帕米尔高原、中亚费尔干纳等地。

大画家阎立本后悔自己入错行

略微了解中国绘画史的人都知道，中国水墨画用毛笔蘸墨运作，落笔不容涂改，所以强求意境，不求敷染。

这方面，泼墨写意画不必说，就算是工笔画，也是以线为主要造型手段，追求"以形写神"。

所以，中国的水墨山水画是最富于诗情画意的。

浓墨的地方，酣畅淋漓；淡墨的地方，空旷缥缈。

此外，画花卉、画鸟虫、画虾、画马，也能惟妙惟肖、形神兼备，活灵活现。

可是，画人物，一直是短板。

中国古代流传下来的画像，大多头大脚小，比例严重失衡不说，人物全是千篇一律的卧蚕眉、柳叶眼。这样，画面的线条虽然流畅，但人物形像不立体，呆板，单调。明朝的仇十洲、唐伯虎号称画美女的国手，但笔下的美女，全是一个模子。宫廷里的画师给明清两朝皇帝画的画像，差不多也长着相同面孔。

从这个角度来说，唐初大画家阎立本的画作也脱不了这一模式。但阎立本曾经奉唐太宗召令为其画像，作品完成后，得到了唐太宗本人的赞叹和认可。

也就是说，唐太宗认为阎立本为自己所画的画像是非常接近自己真容的。

此后，唐太宗又让阎立本画了《秦府十八学士》《凌烟阁功臣二十四人图》。这两大作品共四十二幅肖像画，也得到了众人的赞叹，均称其画作精湛，神采如生。

说起来，阎立本应该是一个政治人物，他是雍州万年（今陕西西安临潼区）人，出身贵族，其父阎毗为北周朝驸马，很有政治背景。阎立本本人在太宗贞观时任主爵郎中、刑部侍郎、将作少监，显庆年间升到了宰相。

但是，阎立本能在青史留名，非在政绩，而在画技。

阎立本的父亲阎毗多巧思，工篆隶书，擅长绘画，入隋后得到隋文帝和隋炀帝的青睐。

阎立本秉承家学，又师张僧繇、郑法士，绘画技艺青出于蓝更胜于蓝。他笔下的人物、车马、台阁惟妙惟肖，栩栩如生，深为当世推重，被时人列为"神品"。

除了为唐太宗所画的《秦府十八学士》《凌烟阁功臣二十四人图》饮誉海内外，其他如《步辇图》《古帝王图》《职贡图》《萧翼赚兰亭图》等作品流传于世，"丹青神化"，为"天下取则"。

不过，阎立本并不喜欢自己"画师"的身份。

盖因画师在唐代是一个极其卑贱的行业，容易被人看轻看扁。

他在太宗朝任主爵郎中期间，唐太宗与侍臣们在御苑的池中泛舟游玩，看到池中有奇异的怪鸟在水面上飞舞。唐太宗手拍船栏杆高声大赞，命令在座陪同的侍臣们现场赋诗赞咏，又命令随侍的宫人宣召阎立本前来将怪鸟画下来。宫人们当即向岸上传呼道："召画师阎立本到青苑玉池拜见皇上！"阎立本的职位是主爵郎中，却被人呼成画师，不由得又羞又愧，却又不能装作没听见，只好面带尴尬地跑到池边挥笔绘画。画的时候，脸上青一阵、红一阵。好不容易交差了，回到家里，悲凉地对儿子说："我少好读书，自认不是蠢材，所作文章，都是有感而发，与同行相较，也算上乘。可是，就因为绘画出了名，人们看到的只是我的画，看不到我的其他才能。这真是莫大的耻辱。你应该深以为戒，千万不要再学绘画。"

饮誉海内的大画家讨厌自己画家的身份，并且不许自己的儿子学画，不可谓不是一个时代的悲哀。

文成公主入藏后地位如何？

吐蕃王室的始祖崛起于藏南地区的雅隆河谷。

按照藏人的传说，大约在公元前 127 年，雅鲁藏布江流域的几位苯教领袖一起迎立聂赤赞布为王，王位传承了二十余世，公元 7 世纪初，当位的是吐蕃一代雄主松赞干布赞普。松赞干布，意为深沉宽厚杰出能干的男子；赞意为雄豪有力，普为大丈夫，故吐蕃王朝将国王称为赞普。《新唐书》等汉文史籍一般称松赞干布为"弃宗弄赞"或"弃苏农赞"。

松赞干布雄才大略，先后兼并了今西藏北部及青海西南部、甘孜、理塘一带的部落，紧接着又征服了青海一带的党项、白兰等国，于公元633年建都逻些（今拉萨），建国号"大蕃"，在布达拉山上建立皇宫，正式建立吐蕃王朝。

松赞干布野心勃勃，参照唐朝的中央官制和府兵制度，建立了从中央到地方的政治军事制度。

贞观八年（公元634年），松赞干布派出使者赴长安与唐朝通好问聘，但唐太宗没有同意。

于是，松赞干布准备与唐朝争夺西域地区的控制权。

过了两年，到了贞观十年（公元636年），松赞干布将目光瞄准了盘踞于今青海和甘肃一带的吐谷浑王国。

这个吐谷浑王国曾在隋炀帝时代被大隋帝国灭了国，但又在隋末乱世复了国。贞观八年（公元634年）初，唐一代军神李靖率军一万，仅用一年时间就击溃了吐谷浑，扶立了亲唐的半傀儡政权，吐谷浑自此成了大唐的属国。

西陲霸主松赞干布提兵攻占吐谷浑，大唐与吐蕃间的开战不可避免。

深谙文韬武略的唐太宗觉察到了来自吐蕃方面的凌厉杀气，为了化解这股杀气，他毅然将宗室女文成公主下嫁给松赞干布。

唐太宗认为，大唐和吐蕃成了翁婿之国，则两国自然息刀兵而兴文治。

文成公主下嫁松赞干布事件中有几个细节要注意：

一、文成公主下嫁给松赞干布这年是贞观十五年（公元641年），虽说松赞干布的生年现尚存争议，一般认为他诞生于隋朝义宁元年（公元

617 年），则贞观十五年（公元 641 年）这年，松赞干布为二十四岁。《新唐书·吐蕃传》记："贞观八年，始遣使者来朝，帝遣行人冯德遐下书临抚。弄赞（即松赞干布）闻突厥、吐谷浑并得尚公主，乃遣使赍币求昏（即婚），帝不许。"松赞干布于七年前请求迎娶唐朝公主，是因为他得知突厥、吐谷浑都能娶到唐朝公主，自认为吐蕃政权的国力和地位不次于二者，故而请求迎娶唐朝公主，那是想得到与突厥、吐谷浑平等的政治地位。另外，松赞干布到唐朝求婚，并未指定具体要娶谁，只要是公主就行。而文成公主也并不是唐朝皇帝李世民的女儿。文成公主到底是谁的女儿，至今仍是一笔糊涂账，史书上提到她生于任城（今山东济宁）。又因为李世民的堂弟李道宗曾被封为任城王，故人们大多猜测文成公主为李道宗的女儿。

二、禄东赞也写噶尔·东赞，汉文史籍中以禄东赞、论东赞、大论东赞的名字出现，是吐蕃著名政治家、军事家和外交家，曾担任过大论之职，其最大的功绩是划定田界，确立吐蕃的封建制度。贞观八年（公元 634 年）代表松赞干布到长安求婚的人也是他。该次求婚失败，《新唐书·吐蕃传》记载："使者还，妄语曰：'天子遇我厚，几得公主，会吐谷浑王入朝，遂不许，殆有以间我乎？'弄赞怒，率羊同共击吐谷浑，吐谷浑不能抗，走青海之阴，尽取其赀畜。又攻党项、白兰羌，破之。勒兵二十万入寇松州，命使者贡金甲，且言迎公主，谓左右曰：'公主不至，我且深入。'"可见，松赞干布攻击吐谷浑，与迎娶唐朝公主是有一定关系的。贞观十四年（公元 640 年），禄东赞携带了大量黄金、珠宝，率领庞大求婚使团，前往唐都长安请婚。当时到唐朝求婚的还有天竺、大食、仲格萨尔以及霍尔王等国的使者。但设置难题考验求亲使者事，史不见载，只在藏地广为流传，现在，拉萨大昭寺和布达拉宫内仍完好地保存着描画该传说的壁画。按照壁画上的记录，不是三道难题，而是八道，称"八试婚使"（又称"八难婚使"，也有"六试婚使"之说），除了"丝带穿珠""辨马母子""辨木首尾"外，还有"辨鸡母子""日杀百羊""日饮百酒""夜返宿地""辨认公主"五道难题。这些难题，明显带有民间艺人虚构编造的痕迹，应该不是真的，但唐太宗要用孙权嫁妹给刘玄德的策略，而禄东赞胜利完成松赞干布交付的求婚任务却是无可辩驳的史实。现存于世的阎立本代表作《步辇图》也描绘有唐太宗接见来求亲的吐蕃使者禄东赞的情景。据《新唐书》记，唐太宗器重禄东赞的才识，封他为"右卫大将军"，并欲以琅琊长公主的外孙女段氏妻之，挽留他久居长安，不时垂问。但禄东赞毅然拒绝，说："臣本国有妇，父母所聘，情不忍乖。且赞普未谒公主，陪臣安敢辄娶。"

三、根据藏文本《敦煌本吐蕃历史文书》的《编年记事》所记："此后六年，墀松赞赞普升遐（归天），与赞蒙文成公主同居三年耳。"有人因此说松赞干布与文成公主结婚后的九年时间里，有六年不与文成公主产生交集，从而推测在刚开始伴驾的三年时间里，文成公主也不过只是松赞干布身边一个侍女式的人物罢了，从而断言文成公主一生凄苦可怜，从没享受过爱情和甜蜜。也有人提出，文成公主入藏多年，无子无宠，地位平庸。

那么，真实的情况是怎么样的呢？

《新唐书》记载，松赞干布自攻打吐谷浑后，与唐朝相对峙，战争消耗严重，群臣申请罢兵返国，甚至有八人以自杀相威胁。松赞干布最后被迫撤兵，并"以使者来谢罪，固请昏"。即吐蕃是在失败的背景下低姿态向唐朝求婚的。

而《旧唐书》记得更详细，贞观十五年正月，文成公主入嫁吐蕃，唐太宗令礼部尚书、江夏郡王道宗主婚，持节送公主入藏。松赞干布得到消息，兴高采烈地前往位于黄河源头的美丽湖泊柏海（今青海玛多）边上迎接。等见到了李道宗，行过子婿之礼，对大国服饰礼仪威严自惭形秽，态度毕恭毕敬。

松赞干布携文成公主回到逻些（今拉萨），在拉萨玛布日山（今布达拉山）专为文成公主修建了城池和宫室，并语重心长地对自己的亲长说："我的祖辈父辈从来没有过和中原上国通婚的，如今我迎娶大唐公主，实在是莫大的荣幸，应当为公主修筑一座城池，以夸示后代。"

文成公主不喜欢吐蕃人"赭面"（以红颜料涂面），松赞干布立刻废除这项习俗，他本人也脱下毡裘，穿上纨绮，逐渐仰慕唐风。松赞干布还派出吐蕃贵族们的子弟，请求进入国学学习《诗》《书》，又请唐朝文人典其表疏。

禄东赞在唐太宗伐辽东后，奉松赞干布之命到长安朝贺，带去高七尺，可装酒三斛的黄金所制大鹅一只。

贞观二十二年，右卫率府长史王玄策出使西域，遭到中天竺国的抢劫杀戮，松赞干布拔刀相助，发精兵灭掉了中天竺。

唐太宗驾崩，唐高宗继位，松赞干布派专使往长安吊祭，献金十五种供于昭陵（唐太宗墓），并上书唐高宗，表示对唐朝新君的祝贺和支持，许诺保证说："天下凡有不忠于唐室者，吐蕃必提兵前往征讨。"

种种迹象表明，文成公主是很得宠、很受尊重的。

试想想，吐蕃与天朝结亲，因此得以学习汉族儒家文化，引进内地作物和先进技术，改革风俗，极大地促进了本民族经济文化的发展，有什么理由要冷落和刁难文成公主？

吐蕃书籍《贤者喜宴》就明确记载："松赞干布登临欢庆的宝座，为文成公主加冕，封作王后。"

《敦煌吐蕃历史文书》则载："赞蒙文成公主由噶尔·东赞域松迎至吐蕃之地。""及至羊年（公元 683 年）……冬，祭祀赞蒙文成公主。"按《敦煌吐蕃历史文书》的记载，有赞蒙尊称并且去世后享有祭祀，是地位不低于吐蕃王后的人拥有的待遇。松赞干布的后妃里仅文成公主拥有这待遇。

可以说，文成公主是中华民族融合历史上的一座丰碑，她不避艰险，远嫁吐蕃，促进了唐蕃间经济文化的交流，增进了汉蕃两族人民的友谊。

关于文成公主与松赞干布只在一起生活三年的说法，源自《敦煌吐蕃历史文书》中的《大事纪年》的记载。

在《敦煌吐蕃历史文书》中，郑重地提到了松赞干布与文成公主生活了三年，却没有松赞干布与其他后妃生活的任何记载，也没有其他后妃为松赞干布生子（松赞干布与蒙氏妃的儿子出生于松赞干布娶文成公主之前）的记载。原因是在松赞干布生命中最后的六年，他一直忙于吞并象雄等众多事务，并不是偏宠其他女人而冷落文成公主（《敦煌吐蕃历史文书》记载"发兵攻象雄王之国……象雄一切部众咸归于辖下收为编氓……举凡吐蕃之一切纯良风俗"）。

实际上，《敦煌吐蕃历史文书》、吐蕃碑文（金石铭刻）以及《贤者喜宴》等吐蕃资料中，都有对文成公主的记载，却极少有松赞干布的其他后妃的记载。

永隆元年（公元680年），文成公主因病去世，吐蕃王朝为她举行隆重的葬礼，唐遣使臣赴吐蕃吊祭。

唐蕃会盟碑有文字记载："于贞观之岁，迎娶文成公主……重协社稷如一，更续姻好。"

现在，拉萨仍保存有建于当时的文成公主的塑像。

据此种种，文成公主和松赞干布的爱情故事，确属一桩伟大的爱情，于其两人来说如此，于汉蕃两族人民来说，更是如此。

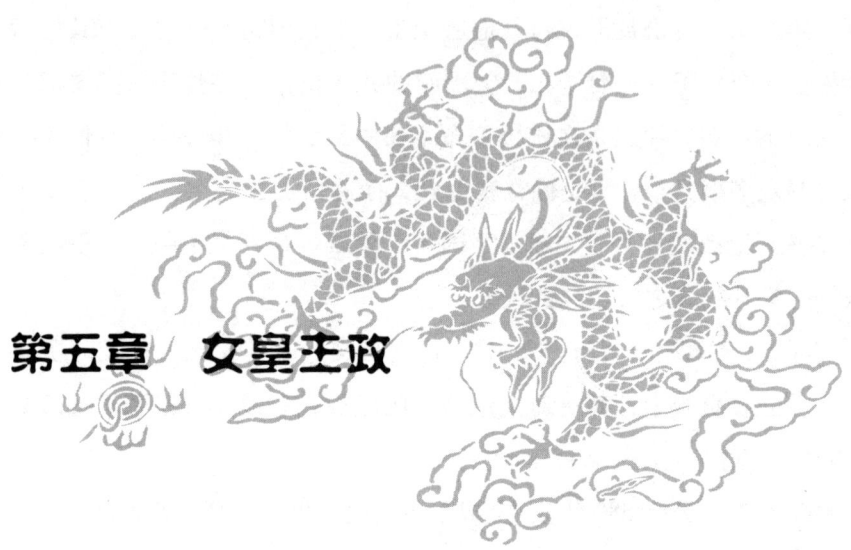

第五章　女皇主政

中国第一位女皇帝，遭除衣凌辱、腰斩而死

　　说起中国的第一位女皇帝，很多人的第一反应就想到武则天。

　　武则天称帝的时间是公元690年。

　　但有一位女皇帝的称帝时间更早，是公元654年，比武则天整整早了三十六年。

　　所以说，这位女皇帝才是真正的中国第一位女皇帝。

　　她，就是在公元654年，也就是唐高宗永徽五年，率领农民起义的女首领陈硕真。

　　陈硕真，浙江睦州青溪人，早年丧夫，到道观带发修行。

　　唐太宗统治后期，朝内大行奢侈之风，部分地区的人民受到了较重的剥削和压迫。

陈硕真的家乡青溪位于今天浙江西北部，与安徽相邻，土地肥沃，物产丰富，因而受到了官府更加苛刻的盘剥。

唐太宗驾崩，唐高宗即位，在唐王朝新旧政权交接过程中，青溪一带的官府统治更加黑暗。

正在民间传教的陈硕真目睹家乡民众饱受官吏的压榨和迫害，忍无可忍，就利用传教的便利，串联起数百人，趁势而起，呼啸山林，公开和官府作对。

陈硕真的义旗一举，就得到了附近州县穷苦百姓的响应和支持，队伍一下子扩大到两千多人。

就凭着这两千多人，陈硕真一下子就攻陷睦州首府及所属诸县，并将势力延伸到了浙皖交界处的几个州。

为了把造反事业做得更大，陈硕真宣布建立属于自己的政权，自称"文佳皇帝"。

陈硕真称帝的消息传到长安，唐高宗大惊失色，命令扬州刺史率兵围剿。

陈硕真虽然已经称帝，但手下兵马其实只有三万，与强大的官军相比，兵力悬殊。

在官军的前后夹击之下，不足两个月，陈硕真全军覆灭，她本人被俘。

自古以来，统治者对于叛逆和谋反的人从来都不会手软。

毫无例外，陈硕真遭受到了极刑。

根据《新唐书·刑法志》的记载，唐代的极刑有五种："磬，绞，斩，枭，裂。"

"磬"又作"罄"，是乐器的一种，用作刑名，即是行刑时用绞索套住犯人的脖子，像古时的乐器磬那样将犯人悬挂起来。

"绞"就是"绞刑"，即用绳索套在犯人的脖子上，两边收紧，把犯人勒死。它和"磬"的区别在于不用把犯人悬挂起来。

"斩，枭，裂"分别指腰斩、枭首和车裂。

这五种极刑中，使用最多的是腰斩和车裂。

车裂，俗称五马分尸，用五匹马套着车分别拉着犯人的头部和四肢，同时发力，将人的身体生生拉扯成五块，这个过程无疑是极其痛苦的。

但，车裂虽然痛苦，人却死得快，痛苦也消失得快。

腰斩的话，身体被铡刀从腰间一分为二，尽管内脏流出，但主要器官没有受到损伤，人还可以活很长一段时间，痛苦也就跟着延长了许多。

唐朝统治者对陈硕真处以的是腰斩。

并且，他们觉得，陈硕真以邪术惑众，鼓动民众起义，是民众敬仰和崇拜的对象，于是，在行刑前，有意剥光她的衣物，对其当众凌辱，以摧毁她的形象。

所以说，陈硕真在就刑时，受到了肉体和精神上的两大摧残，当真是痛苦之极。

回头想想，明知事不可为而为之，面对强敌，陈硕真仍义无反顾地自称"文佳皇帝"，建立政权，这是何等的壮烈。

中国著名历史学家翦伯赞因此高度评价陈硕真为"中国历史上第一位女皇帝"。

武则天娘家那些奇葩事

武则天的父亲武士彟一生娶过两个妻子，原配妻子相里氏生有四子，夭二子，余二子为武元庆、武元爽。相里氏死，娶继室杨氏，生三女，长女嫁贺兰越石，封韩国夫人，死后追封郑国夫人；次女就是武则天；季女嫁郭孝慎。

武士彟离世后，武元庆、武元爽和他们的儿子武惟良、武怀运等人对继母杨氏及杨氏的三个女儿都很不好，经常想一些阴招来折磨这些孤寡弱女，并以此为乐。

武则天册封为皇后不久，追赠武士彟为司徒，改封母亲杨氏为荣国夫人。

彼时，武元庆在朝中任宗正少卿，武元爽则任少府少监。

武则天母亲杨氏旧恨难消，唆使武则天将武元庆哥俩流放到边远地区任职，致使他们死于贬所。

武元庆、武元爽尽管已经死了，但他们的儿子武惟良、武怀运不是还活着吗？不行，斩草还要除根！

对武元庆、武元爽的死，杨氏尚不感到满足，要求武则天继续整残整死武惟良、武怀运哥俩。

要说，杨氏的确是心胸狭隘、睚眦必报，但武则天的胸怀也没宽广到哪儿去，要不，怎么是亲生母女呢？

这杨氏有她不能容忍的敌人，武则天也有，并且比杨氏多得多。

对于杨氏，凡是对她有过轻慢举止的人，都可视为她的敌人。

而武则天，凡是影响到她"事业"发展的人，都可视为她的敌人，不管是同胞姐妹还是亲生骨肉，都格杀勿论，必欲先除而后快。

从这一点便知武则天是一个非常之人，可做非常之事。

对于母亲的要求，她满口应承。

因为，这个时候，她正想除掉自己的一个敌人。

她已经想好了，在除掉这个敌人的同时，也捎带着将母亲的敌人一并清除。

说起来，她的敌人也不是外人，是她的亲姐姐韩国夫人的女儿贺兰氏，亦即武则天的外甥女。

咦？她的亲外甥女怎么就成了她的敌人了呢？

原来，这个外甥女也在十六岁那年被选入了宫中，成了唐高宗所恩宠的一名妃子。

为了除掉贺兰氏和武惟良、武怀运，武则天用了一条一箭双雕的毒计。

武则天趁高宗不在现场，命人给贺兰氏投毒，然后嫁祸于武惟良、武怀运兄弟。

瞧，就是这样一条拙劣无比、漏洞百出的计策，竟然被她得逞了。

贺兰氏被毒死了，武惟良、武怀运也被蒙在鼓里的高宗下令处死了。

但武则天并不准备收手。

武则天的人生准则是：要么不做，做必做绝。

不错，武惟良、武怀运是死了，但他们不是还有兄弟、子女、子侄还活着吗？不行，清除，必须全部清除。

武则天又买通了心腹官员指证武惟良、武怀运的家属谋反，将这些家属一股脑儿流放到岭南，勒令他们改姓蝮氏，绝其属籍，从此，他们和"武"这个高贵的姓氏再也没有半毛钱关系。

这，就相当于绝了武士彟的后嗣。

大概武则天也觉得自己做得太绝，毕竟，武士彟还是自己的生身父亲。于是，天良发现的武则天便下令将自己亲姐姐韩国夫人的儿子贺兰敏之改姓武，充当武士彟的后嗣，袭爵周国公。

咸亨二年（公元671年），杨氏寿终正寝。武则天为得孝悌美名，从宫中拿出了许多钱物，让贺兰敏之造佛像替杨氏追福。可贺兰敏之根本不把这事放在心上，而将钱物全部挥霍一空。

这事儿，差点没把武则天气死。

司卫少卿杨思俭的女儿有美色，高宗和武则天已经将她指定为太子妃，可是，太子妃还没过门，贺兰敏之就带领家丁公然闯入杨府大行强奸之事。

这真是无法无天了！

这还不算，武则天的亲生女儿太平公主年纪幼小，曾到外祖母家串门，同样遭到贺兰敏之的猥亵。

武则天忍无可忍，将他流放岭南。

贺兰敏之一介娇生惯养的公子哥，流放途中，不胜跋涉之苦，用马鞭上吊，死了。

贺兰敏之一死，武士彟又绝后了。

武则天随意屠杀官员，还给他们起外号

武则天是一个非常歹毒的女皇帝。

当初，为了做上皇后，不惜亲手捏死自己的亲生女儿，堪称狠人、毒人、强人。

她当上皇帝后，在任用官员问题上，创造了一项纪录：换人最多、最快。

史书上称其"任事率性，好恶无定，终其临朝之日，计曾任宰相七十三人"，光宰相就走马灯一样轮换用了七十三位。

宰相是如此，其他官职就更加不值钱了。

武则天为了加快官员的更新速度，下令官员必须定期举荐"人才"，有时还特别指定某些大臣定期举荐"人才"。而这些代荐"人才"的门槛也很低，说凡是"长才广度，沉迹下僚"者，或"英谋冠代，雄略过人"者，一定大加重用，即便这些人隐迹市井、托身乡间，行为有违流俗，也不会嫌弃。举荐的对象不论门第高下、贫富贵贱；不限部落族属、离京远近；甚至"逆人"族属，"能公勤清白者，自当随才擢用，不以为瑕"。

史上又称："则天欲以禄位收天下人心，始置试官（试用之官）。天授三年一月一日，则天引见存抚使所举之人，不问贤与不肖，悉加录用，高者试凤阁舍人、给事中，次试员外郎、侍御史、补阙、拾遗、校书郎等官，试官既多且滥。"

当时流行着一首这样的打油诗："补阙连车载，拾遗平斗量，欋推侍御史，碗脱校书郎。"

该打油诗翻译为现代的顺口溜，即是："补阙用连绵不断的车来运

载，拾遗平平常常用斗量，用耙子推拢来的侍御史，校书郎就像碗的毛坯那样粗滥。"

有一个被荐举的儒生，名叫沈全交，得了便宜还卖乖，在后面加了一句："糊心存抚使，眯目圣神皇。"——即"面浆糊心的存抚使，眯了眼睛的圣神皇"，将武周朝的滑稽政治描画得活灵活现。

比较一下，乾封年以前，吏部选人每年不过千人，到了垂拱年以后，每年竟然达到五万人左右。国家编制不够用，就别出心裁地创置里行、拾遗、补阙的官职来安排。就当时而论，全国在编文官不过十余万人，年选人才高达五万，这个数目可以说是惊人的。所荐举上来的"人才"录取率也很高，几乎达到了十不汰一的程度。

对于这种不良现象，朝内正直之士无不深感忧心。鸾台侍郎魏元同就上表说朝廷官员"淄渑既混，玉石难分；用舍去就，得失相半"。

获嘉县主簿刘知几也上疏说：陛下临朝即帝位以来，取士太多，六品以下没有具体职务、政事清闲的官吏多如土芥沙砾，德行上连邻居都不肯认同的，忽而就置身朝官；见识上不能举一反三的，眨眼就加入了行政班子。对于这种干部队伍，如果不加以淘汰，恐怕国将不国。现在州郡官吏更换调动太快，忽来忽往，像蓬草和浮萍一样流转不定，他们既然怀着得过且过的打算，哪里还有心思搞奉公守法的政事。又说：海内任官九品以上的人，每年遇到发布赦令，必赐官阶勋级，以至朝野宴会、公私聚会时，"绯服众于青衣，象板多于木笏"。官员们的荣显并非因品德高尚而获得，官阶很少是因为才能出众而提升的，分不清什么是美与丑，什么是善与恶。

补阙薛谦光则上疏认为：选拔人才的办法，应该是使朝廷能得到有真才实学的人，录取和舍弃什么样的人，关系到国家的教化。现今选拔人，都赞许自求举荐，于是奔走门路，相互争胜，自己大吹大擂而无愧色。至于人才是应该能治理国家的，却只让试策文；武官必须能克敌制胜，却只考弯弓射箭。从前汉武帝读了司马相如所作的《子虚赋》，恨不能与他同时，等到得知他是当代人，安置他在朝廷，最终只让他担任汉文帝的陵园令，这是知道他不能胜任公卿职务的缘故。吴起将出战，身边的人递给他剑，吴起说："为将的任务是提战鼓挥动鼓槌，临阵解决疑难问题，使用一把剑的任务，不是为将的事情。"如此说来，徒有文才如何足以辅佐时政，善于射箭如何足以克敌制胜！关键在于对文官要考察他的品行和能力，对武官要看他的勇气和谋略，考核当官时政绩的好坏，对举荐人施行赏罚。

武则天听了他们的劝谏，就矫枉过正，大批量罢黜，甚至不惜杀戮，史称其诛杀"刺史、郎将以下不可胜计"。

以至于到了后来，武则天干脆给前来应聘的官员起了一个别致的外号：鬼朴。意思是做鬼的材料。

由此，朝廷每新任一官，宫女们就私语："鬼朴又来矣！"

果然，"不旬月，辄遭掩捕、族诛"。

 ## 明明可以靠才华却偏偏想靠脸吃饭的诗人

唐高宗朝的东台详正学士宋令文是一个文武双全的奇人，此人不但擅长文辞，精研书法，还有盖世神力。文辞、书法、神力三项，为他赢来了"三绝"的美名。史载，京都有头疯牛，见人就顶，横冲直撞，无人能制服。宋令文不信邪，赤手空拳，大步上前，双手攥紧两只牛角，一使劲，竟然将牛的颈脖扭断！

"三绝"中的神力一项已经是这样神奇了，文辞、书法两项，不用多说，你也应该想得到了。

宋令文有三个儿子，长子宋之问以文章升官，次子宋之逊精于书法，三子宋之悌因彪悍知名。也就是说每个儿子继承了他的一绝。

三子宋之悌有多彪悍呢？小伙子身高八尺，曾任剑南节度使、太原尹。因犯法被流放朱鸢。在朱鸢，有蛮人作乱，摧城拔寨，气焰嚣张。

宋之悌自告奋勇，带了八名壮士直犯贼阵，最后迫得贼兵七百人都伏在地上不敢起身。

次子宋之逊为连州参军，多才多艺，字写得漂亮，还能歌善舞，也很吃香。

有读者可能要问，为什么不说说长子宋之问的学问有多高呢？

不急，因为他是这篇文章的主角，所以留在最后面介绍。

宋之问二十岁左右，就和"初唐四杰"之一的杨炯分别代行掌管习艺馆，后来迁升为尚方监丞、左奉宸内供奉。

一次，武则天游洛阳龙门，诏令从官赋诗。

左史东方虬率先赋成，武则天读了，赞不绝口，赏赐锦袍一件。哪料宋之问随即也赋好了，武则天一看，比东方虬还高明一大截！好，同样赏赐锦袍！可是，这次出官，只带了一件，已经赏赐给东方虬了，怎么办？得，东方虬，麻烦您脱下来，转交给人家宋之问，您也别怨谁，谁叫你诗写得没人家宋之问好。

的确，和宋之问相比，东方虬是属于寂寂无闻一类的小人物。

在唐朝诗坛上能和宋之问比肩的，是沈佺期。

《新唐书》里说，自从魏曹操等人的"建安风骨"到南朝，诗律、诗风屡次变更，沈约、庾信等人对诗讲求音韵、对仗，使诗更加工巧。宋之问、沈佺期又使诗体更加华丽，回避了声韵上的疵病，规定了字数、句数，使得写诗如同编织锦绣。学习者崇敬之下，称之为"沈、宋"，还说"苏、李居前，沈、宋并肩"。

说是"沈、宋并肩"，但较起真来，宋还是要略胜一筹的。

《全唐诗话》记载了一次沈、宋比拼诗文的故事。

说，某次，唐中宗在长安昆明池游玩，兴致高了，即兴作诗一首，并命随从百官赋诗应和。

这次，充当裁判的是大才女上官婉儿。

中宗让上官婉儿从上交诗作中选挑一首最好的以供谱曲。

百官依次将自己的作品上交，上官婉儿看一篇扔一篇，说，扔在地下的诗是谁的谁自己捡走，免得污染环境。

大家都红着脸蹲在地下捡。

瞎乱了好一阵之后，只剩下宋之问和沈佺期还未捡到自己的诗。

冠军就将在两个人之中产生，到底会是谁呢？

最后一篇诗被扔到了地上。

宋之问和沈佺期赶紧低头去看——是沈佺期的！

宋之问的诗就这样被华丽丽地选中了！

宋之问这首被选中的诗收录在《全唐诗》第五十三卷；沈佺期的则收录在第九十七卷。

中宗问上官婉儿这两首诗是怎么分出高下的，上官婉儿回答："二诗功力悉敌，沈诗落句词气已竭，宋犹健笔。"

对了，宋之问赢了掉东方虬的事儿可见于《新唐书》《唐读纪事》，而他赢得锦袍的诗叫《龙门应制》，收在《全唐诗》第五十一卷，有兴趣的读者可以去查来读读。

宋之问学问这么好，人品却不怎么样。

七十多岁的武则天秽乱宫中，宠幸张易之、张昌宗等人。

张易之、张昌宗因此又得封官又得晋爵。

宋之问眼热得不行，忍不住赋诗一首："明河可望不可亲，愿得乘槎一问津，更将织女支机石，还访成都卖卜人。"

武则天读了，不置可否，一笑了之。

这可让宋之问急死了。

宋之问通过另一个大诗人崔融委婉向武则天打听其本人的真实想法。

武则天的真实想法是什么呢？

不说是给你面子，说出来，有意思吗？武则天被崔融问得不耐烦了，说出了真相："吾非不知之问有才调，但以其有口过。"真相从来都是残酷的，武则天是嫌弃宋之问"患齿疾、口常臭"！

宋之问惭愤至死！

据说，有大臣跟宋之问说丁香可以治口气，从此，宋之问嘴里终日含着丁香。

但已经于事无补了。

宋之问还迂回献媚于张易之、张昌宗哥俩。

唐禁书《控鹤监秘记》称："之问尤诌事二张，为持溺器，人笑之。"

为能抱上张易之、张昌宗哥俩的大腿，宋之问不惜在鞍前马后提尿壶，真是斯文扫地。

期间，宋之问还写了大量奉和应制诗，如"愿陪丹凤辇，率舞白云衢""今朝天子贵，不做叔孙通"等等。

"神龙政变"后，武则天下台，唐中宗复位，张易之兄弟被诛，宋之问被流放到岭南，作有诸如《题大庾岭北驿》《度大庾岭》等不世之作。只是岭南穷山恶水，宋之问实在熬不下去，潜逃回洛阳，躲在张仲之家里。适值武三思重新掌权，张仲之和王同皎谋划杀掉武三思，以安定王室。宋之问恩将仇报，告发王同皎、张仲之等人，得武三思擢为修文馆直学士。

不过，武三思这棵树并不能久靠，很快败亡。

宋之问又转投太平公主门下，转眼见安乐公主权势日盛，又跳槽到安乐公主门下。

不久，唐中宗欲提拔宋之问为中书舍人，太平公主大行揭发宋之问的斑斑劣迹。宋之问因此降任汴州长史，尚未出发，又改任越州长史。

唐睿宗即位，宋之问因狡险而且干的坏事太多，被睿宗下诏流放到钦州，再赐死于桂州。

宋之问被赐死之日，心惊肉跳，左右徘徊，不能自裁。

同被赐死的祖雍看不过眼，骂他："我与你同有负于国家，罪有应得，还有什么可迟疑的？"

纵观宋之问一生，除了口臭外，名声也算是臭到极点了。

武则天亲手杀女案，属实吗？

武则天是中国历史上唯一被史家公认的女皇帝。

对于武则天其人，传统史书普遍评价极低，暴政、虐民，心狠手辣、毒如蛇蝎，搞得社会动荡，百业凋敝。

但到了近代，开始有人一反常调，为之大唱起赞歌来，称赞她有胆量、有见识，气魄宏大，能力超凡，认为她开创出了煌煌盛世。

武则天当政期间，经济是出现了倒退还是蓬勃大发展呢？

这是有大数据可查的，说"百业凋敝"倒也不至于，称"开创出了煌煌盛世"绝对是睁着眼睛说瞎话。

不过，把"心狠手辣""毒如蛇蝎"和"有胆量""有见识""气魄宏大""能力超凡"这些词都用在武则天身上，也并不冲突，并不矛盾。

仔细想想，作为一个推翻了男权统治、以女性身份当国的政治人物，没有杀伐决断的狠劲，没有雷厉风行的手段，能行吗？

且看，武则天为了登上帝位，大开杀戒，将李唐宗室近支几乎杀尽，除自己的亲生儿子李显、李旦以外，唐高祖、太宗、高宗的子孙被全部诛除。十四年间的五十八个宰相，被杀被贬各有二十一人，任用酷吏残害的大臣数百，因引发的兵变、民变、异族入侵而丧生的军民更是在数十万之巨！

武则天共生有四子，长子李弘、次子李贤、三子李显、四子李旦。

长子李弘于显庆元年（公元 656 年）被立为皇太子，因不满武则天将萧淑妃的两个女儿幽禁于掖庭牢室，奏请父皇李治放出这两个姐姐嫁人。

武则天恼怒他胳膊肘往外拐，下毒将他送上了西天。

次子李贤继立为皇太子，同样忤逆武则天被废为庶人，流放巴州。文明元年（公元 684 年），武则天废帝主政，遣酷吏丘神勣赴巴州校检李贤居所，逼令李贤自尽。

后面的李显、李旦哥俩虽然未死于武则天之手，却也被叱如猪狗。

李显在二哥李贤被废后，被立为皇太子，弘道元年（公元683年）十二月即皇帝位，但到了嗣圣元年（公元684年）二月，继皇帝位才五十五天，便被废为庐陵王，斥至均州（今湖北丹江口市）、房州（今湖北房县）等地。

李显下台，他的弟弟李旦登位。

但李旦只是武则天登帝位的踏脚石。

武则天先让他做傀儡皇帝，然后胁迫他上表逊位，从而理直气壮地登上皇帝宝座。

武则天当政的日子里，李显和李旦哥俩惶惶不可终日。

李显尤其惨，床头边时刻准备有一幅长绫，每当听说武则天派使臣前来，就有自杀的冲动。

观以上史实，让人恐惧、发指。

武则天的残暴和毫无人性，是毋庸置疑的。

但是，来源于《旧唐书》里的一则记载却让后人争论不止。

该记载在《则天本纪》中的一段，原文为："武后夺嫡之谋也，振喉绝褓褓之儿，菹醢碎椒涂之骨，其不道也甚矣，亦奸人妒妇之恒态也。"

单看这则记载，没头没脑。

不妨看《资治通鉴》卷一百九十九对事件的完整还原："后宠虽衰，然上未有意废也。会昭仪生女，后怜而弄之，后出，昭仪潜扼杀之，覆之以被。上至，昭仪阳欢笑，发被观之，女已死矣，即惊啼。问左右，左右皆曰：'皇后适来此。'上大怒曰：'后杀吾女。'昭仪因泣数其罪。后无以自明，上由是有废立之志。"

该事件触目惊心，其说的是：武昭仪（武则天）入宫后，唐高宗对皇后的宠爱明显衰减，但还没有要废黜她的意思。恰逢武昭仪生下一女儿，皇后怜爱而抚弄了一会儿，走了。等皇后走了，武昭仪偷偷将女儿扼杀于襁褓中，用锦被盖好。唐高宗来看望女儿，武昭仪面带欢笑，揭开锦被，假装刚发现女儿已死，喝问左右，刚才谁来过？左右答："皇后适来此。"唐高宗勃然大怒说："后杀吾女。"武昭仪趁机泣数皇后之罪。皇后百口莫辩，无以自明。唐高宗于是有了废立之志。

武则天的人生比较曲折，也比较变态。

她原本是唐太宗的才人，却和名义上的"儿子"唐高宗勾搭成奸。唐太宗驾崩后，武则天被发往感业寺为尼。即位后的唐高宗不顾天下人非议，大大方方地把武则天弄回宫中，封为昭仪。

武则天的权力欲极强，先除萧淑妃，后除王皇后，后来还当上了皇帝。

不难看出，武则天杀亲生女以除掉王皇后，乃是她人生轨迹中最关键的一环。

后世之所以争论，是说唐高宗在与大臣讨论废后之时，并未提起王皇后杀小公主之事，这说明，唐高宗并不认为王皇后是凶手；另外，才子骆宾王痛挞武则天的《讨武氏檄》也没提及武则天亲手杀女之事，这也说明武则天并没有杀女。

即小公主应该是患病死亡，与任何人无关。

还有，《旧唐书》的记载，只是用一段非正式的"史臣曰"来补充；最重要的是，所谓虎毒不食子，武则天再歹毒，也不会做出亲手掐死女儿这种禽兽事来。

要我说，自古宫闱之事，讳莫如深。

《讨武氏檄》没提及武则天亲手杀女，原因是骆宾王根本无从得知此事——他可没有机会读到《旧唐书》和《资治通鉴》！

而对记录宫中起居注的史官来说，他们又不是武则天杀女的现场目击者，只能提出怀疑，不能将之坐实。《旧唐书》的修撰者用"史臣曰"的方式来补充，足显治史小心、谨慎。

我觉得，唐高宗未提起王皇后杀小公主，恰恰是他已经发现王皇后被冤的疑点——当然，王皇后仅在此处的清白也并不能改变她被黜的命运；《资治通鉴》之所以把武则天杀女之事当成了史实来记载，那是结合了武则天为追求权力，一贯六亲不认、杀人如麻的歹毒本性。

"武则天杀女"之事，我宁可信其有，没法去其疑。

原因明摆着：小公主本来是好端端的。王皇后来了，去了；武则天来了，去了。然后小公主就死了。那些说小公主是自己停止呼吸猝死的，恐怕连自己都说服不了自己。那么，与小公主死亡有关的只有两个人，一个是王皇后，另一个是武则天。谁是真凶？没有确凿证据，不好说——唐高宗在群臣面前就没说，但从杀人动机和杀人狠毒手段来说，武则天的嫌疑极大。

黑色幽默政治事件，发明家成也发明，败也发明

武则天登上了帝位，"疑天下人多图己"，为消除政敌，专门采用了两大极端手段——酷吏与铜匦。

其实，武则天的酷吏政治可以追溯至其入主后宫之时。当时，刚刚得册立为皇后，便对阻止她封后的褚遂良、长孙无忌等人痛下杀手。后又血腥镇压了光宅四年的徐敬业以及垂拱四年的琅琊王越王的叛乱。武周代唐，武则天更是放手对反对自己的政敌进行残酷的扑杀，欲尽诛"李唐宗室诸公及公亲中不附己者"。

铜匦是侍御史鱼承晔的儿子鱼保家设计的。

这个鱼保家心灵手巧、头脑灵活，却无心读书，一味热衷于搞科技制作。他窥探出武则天有鼓励民间告密以打击和排斥异己的心思，便向武则天上奏了一份铸造铜匦的方案，欲通过这一方案走上仕途。

铜匦是一个四面开口的意见箱，内部分为东西南北四格，开口处可以接受表疏，一旦表疏投入，就无法再收回。东面口称"延恩"，供献

赋求官者投稿；南面口称"招谏"，供言朝政得失者投稿；西面口称"伸冤"，供有冤枉案情者投递；北面口称"通玄"，供言天象灾变及军事密计者投递。由正谏大夫、拾遗、补阙各一人管理。

武则天看过鱼保家的奏书，连声称妙，吩咐工部尚书安排人铸造。

垂拱二年三月八日，新铸好的铜匦被设立在宫门旁边。

武则天安排正谏大夫为知匦使，御使为理匦使，受理天下告密文书。

武则天又诏旨全国各个州县，向普通民众介绍铜箱的用法用途，号召天下百姓都来向皇帝进言献策。

武则天这项措施表面上是为了广开言路，通达下情，但最主要的是想借此途径发现和掌握异己分子的活动，以便及时清除。

为了鼓励百姓告密，武则天规定，凡有欲进京告密者，州县必须提供驿马和五品官沿途所应享受的住宿、膳食待遇的供奉，以送其尽速来京，且不得"问诘"所告内容。

武则天还特意强调，要打破贫富界限，即便告密者是农夫或者打柴人，也由自己亲自召见，并安排告密者住高级旅馆。如果告密者所说的话符合自己的心意，此人将马上得到破格重用。如果告密者所说的话是虚构的，也不予追究。

告密属实者，给以封赏；不实者，则免予追究。这，无疑是对投机告密分子最大的鼓励。

于是，告密者蜂拥而至，如潮如海地涌入洛阳城。

魔鬼之门就此打开，每天都有一大批官吏被处斩或罢免，另一大批人因告密有功被提拔升迁。

铜匦的发明者鱼保家由此极尽殊荣，风光无限。

伴随着告密制度的兴起与完善，一大批一大批的酷吏如同雨后春笋一样涌现在这个历史舞台上。

这些酷吏大都出身无赖，性情残忍。他们滥用刑罚、罗织罪名，对被告人进行骇人听闻的摧残和折磨，极大地破坏了唐朝的法制，使许多正直的大臣惨遭屠戮，被牵连者不可胜数。据记载，当时朝廷上下惊恐战栗，人人自危，相见莫敢言，道路以目。

在这一特定时期，比较著名的酷吏有：丘神勣、索元礼、侯思止、万国俊、王弘义、周兴、来俊臣、傅游艺、来子珣、郭霸、吉顼等。

这些酷吏中，最为恶名昭著的有四个人：索元礼、周兴、来俊臣、侯思止。

当时的人但凡听到这四个人的名字，莫不闻风丧胆，震骇莫名。

其中的索元礼，为武则天的男宠之一薛怀义的干爹，胡人，深目高鼻，满脸胡须，性情残忍凶暴，其揣摩到武则天的心意，靠告密起家，被擢为游击将军，受命专审案件。

索元礼最大的本事是能将一个人的罪扩展到数十乃至上百人身上。

武则天非常欣赏，数次亲自接见并给予厚赏，一再扩张索元礼的威权。

经薛怀义推荐入宫，索元礼经手的第一桩案子即鱼保家的案子。

且说，鱼保家一夜走红，成了朝廷新宠，这让他的仇家看了很不爽，你鱼保家不是个器械制作能手吗？好，我就告你一把，让你吃不了兜着走！

因为武则天奉行的是"告密属实者，给以封赏；不实者，则免予追究"的政策，仇家就本着不告白不告，告了可能有官当的心理，在鱼保家所发明的铜匦里投入了一封表疏，指控鱼保家曾为徐敬业设计和制造过许多刀剑弓弩之类的武器，给很多朝廷平叛将士造成了伤亡。

武则天看了这封告密信，二话不说，下令逮捕了鱼保家，交由新上任的索元礼审问。

索元礼小人得志，正急不可耐地要向武则天表功，听说有大案子要审，眉飞色舞、喜不自禁，马上升堂。

索元礼可是个虐待狂，发明了若干适用于刑讯逼供的酷刑：其一，用横木限制住犯人的手足，用大绳绑定，然后像绞绳索一样绞转四肢，名之曰"凤凰晒翅"；其二，令犯人双手捧枷，枷上层层垒砖，名之曰"仙人献果"；其三，将犯人倒悬梁上，脚上头下，头发上系上大石头，名之曰"千钧一发"；其四，将戴枷的犯人驱赶到高高的木头之上，让人用绳子在下面拉其枷尾，被告如果不招，要么被牵引窒息而死，要么被拉到地面摔死，名之曰"玉女登梯"；其五，将铁笼套在犯人头上，四周揳入木揳，越揳越紧，常常使犯人脑浆迸射，名之曰"天崩地裂"……

鱼保家本来抱定了必死的念头咬紧牙关不肯招供，索元礼一挥手，怪叫了一声："来人！取铁笼子！"

鱼保家抬眼看见那顶仅能容纳头颅的铁笼，以及那一根根上粗下锐的小木揳，登时头皮发麻，四肢战抖，立刻招供，不日被当街腰斩。

作为告密铜匦的始作俑者却终受告密之害，堪称历史的黑色幽默。

而那一句"来人！取铁笼子！"也成了索元礼的口头禅，每有要案大案要审，只要这一口头禅出口，犯人莫不吓得屁滚尿流，立刻招供。此法百试百灵，因此死在索元礼之手的冤魂也就高达数千之多。

拍马屁拍得当事人暴怒，遭天下人耻笑

武则天朝有一个名叫郭霸的，此人善于阿谀奉承，历经多年投机钻营，官至右台御史。

郭霸自称有"忠鲠"之节，却是个溜须拍马、吮痈舐痔之徒。

徐敬业起兵反武，郭霸为了拍武则天的马屁，就在武则天面前破口大骂徐敬业，一副义愤填膺的样子，大声吼叫道："臣愿抽其筋，食其肉，饮其血，绝其髓。"一句话中的四个"其"字吼得掷地有声，因此得了个"四其御史"的浑名。

除了直接给最高领导人戴高帽、表忠心，郭霸也很懂得找机会给国家二把手拍马屁。

宰相魏元忠是平定徐敬业叛乱的大功臣，某天病了，卧病在床，大臣们都前往探望。

这种事，郭霸当然不能落后，他走在队伍的最前面，生怕魏大人看不见自己。大家探望完了，告辞出门，郭霸故意磨磨蹭蹭，落在后面。

看看所有客人都走光了，他的脸上堆出一副忧心忡忡的表情，以关心领导病情为由，要魏元忠出示当日所排屎尿，细察病情轻重。郭霸又不是医生，魏元忠怎肯轻示屎尿？婉言拒绝。郭霸却不由分说，径自从魏元忠床下取出尿盆详加观察。他先看里面所盛尿液的颜色，再像狗一样用鼻子靠近尿盆频嗅尿液的气味，既而竟伸出舌头细品尿液的滋味。魏元忠被他的举止惊呆了，这人怎么无耻到这个地步？一直以为勾践品尝吴王的粪便只是个传说，现在看到郭霸这番表演，方知古人诚不我欺！郭霸只顾细细咂摸口中尿液，没注意到魏元忠的反应，一副笑逐颜开的样子，说："尿味若是甘甜，只怕病不容易好，大人这尿初品为甘味，细品甜中有苦，可见，用不了几天病就好了！"

郭霸以为，自己这番表现下来一定能得到魏元忠的喜爱和感激。哪知魏元忠为人刚直，眼中不容沙子，看到郭霸的这种丑态，憎恶无比，不但将他轰了出去，还把这件事遍告朋友圈：来来来，大家都来鄙视和耻笑郭霸的卑琐无耻！

魏元忠的影响力那是非同小可的，他这一张扬、一炒作，郭霸马上火了，知名度很高，"四其御史"没人叫了，人们都改叫他为"吃屎御史"。

因为此事，郭霸恨魏元忠入骨。

后来，酷吏来俊臣领衔构陷魏元忠，郭霸就撒着欢跟着来俊臣鞍前马后效力，把魏元忠迫害得死去活来。

俗话说：宁开罪君子，莫得罪小人。

郭霸作为一个能够舍身吮痈舐痔的人，一旦毒害起人来，是穷凶极恶的。

第六章　大乱前后

 这一场东西方大战，影响了世界格局的形成

汉家雄魂，唐家气魄。

汉唐可谓中国古代历史上国力最盛的两个朝代。

曾几何时，大汉朝喊出了"犯我强汉者，虽远必诛"的时代强音，铿锵震耳，穿越千年，响彻寰宇。

盛唐承袭这一强劲气魄，更开创出"天可汗时代"！

自南北朝至隋、至唐初，突厥人一直扰边侵掠，不胜其烦。

隋炀帝一度被其围困在雁门关，几成囊中之物；李世民也有突厥人兵逼渭桥，被迫签订城下之盟的耻辱。

贞观四年（公元630年），军神李靖仅以三千之众，便打得突厥主力土崩瓦解。后更与另一位初唐名将李勣双剑合璧，一举将东突厥彻底消灭。

东突厥汗国从此纳入大唐版图。

唐朝以投降的突厥军队开始经营西域。

大唐刀锋所及，伊吾（哈密）、鄯善等国望风而降。

西域诸国中的高昌国，自恃拳头硬，不听话。

好，贞观十四年，大唐骑兵风驰电掣，一如吹灯拨蜡一样灭了高昌国，建立了西州和安西都护府。

像高昌国这样够胆向唐朝亮肌肉的西域小国林林总总有二十多个，包括焉耆、龟兹、疏勒、于阗等。

唐朝骑兵来回荡决，一口气把这些小国灭得干干净净，建立了以安西四镇为核心的西域统治体系。

大唐帝国在马不停蹄地整治和管理西域时，有两个强国正悄然崛起。

一个是青藏高原上有史以来最强大的帝国——吐蕃；另一个是中东崛起的阿拉伯。这两个国家同唐帝国成了这段时期西域历史的主角。

吐蕃先出手与唐朝争夺西域的话事权。

唐高宗咸亨元年（公元 670 年），吐蕃对安西都护府发动了第一次攻击，拉开了四镇争夺战的序幕。

双方反复拉锯，四镇数度易手。

武周长寿元年（公元 692 年），唐武威军总管王孝杰与武卫大将军阿史那忠节大发神威，一举击破吐蕃主力，使之元气大伤，久久不能恢复，安西四镇的争夺战这才暂时告一个段落。

王孝杰与阿史那忠节这一仗打出了十年和平，这也让西域在武周篡唐、女主弄政那一段黑暗岁月里保持了平静。

阿拉伯帝国加入争夺西域的时间是开元三年（公元 715 年），这时候，唐朝当政的是有着远大志向的唐玄宗李隆基。

唐玄宗颇有太宗皇帝之风，远不满足于做一个守成之主，唐朝重新兴起了大规模对外用兵。

阿拉伯方面，被阿拉伯人称为"列王之父"的阿卜杜勒·麦立克任命哈查只·伊本·优素福为掌管东方的最高权力者。而在哈查只·伊本·优素福的领导下，阿拉伯的疆域向东方获得了极大的扩张。哈查只·伊本·优素福还应许他的两个大将穆罕默德和古太白，谁首先踏上中国的领土，就任命谁做中国的长官。于是古太白征服了塔立甘、舒曼、塔哈斯坦、布哈拉等大片中亚地区；而穆罕默德征服了印度的边疆地区。

阿拉伯人初次加入战团，不敢造次，先与吐蕃联盟，共同立阿了达为王，然后才发兵攻打唐朝属国拔汗那国。

唐监察御史张孝嵩与安西都护吕休率旁侧戎落兵万余人，击败来犯之敌，夺得中亚重要的属国拔汉那，威震西域。

开元五年（公元717年），不死心的阿拉伯人继续与吐蕃人联合，猛攻唐安西四镇。

唐朝再次用利刀锐箭狠狠地教训了他们，使他们哭喊着仓皇宵遁。

不过，阿拉伯人并没因为这两次失败而停下向东的步伐。他们迫逼和引诱唐朝原本在西域的属国栗特诸国反戈，执着地向中亚进行扩张。

开元六年（公元718年），阿拉伯大将加拉赫统兵北征，于河中北部得胜，但在准备侵入中国领土时，被突厥人包围，最后通过偿付赎金逃命。

开元十一年（公元723年），阿拉伯易将穆斯棱，再次兴兵攻打拔汉那。

突骑施奉大唐诏迎击，大破之。

开元十二年（公元724年），阿拉伯人重攻拔汉那，爆发渴水日之战。

此战，仍以阿拉伯兵败告终。则原已叛附阿拉伯的康、石诸国复归于唐。

从这一年开始，作为唐朝的代言人的突骑施深入粟特国境，远至康国（今撒马尔罕）本土，频频与阿拉伯人交战。

经年的征战终使突骑施走向了败亡。

而辉耀一时的中唐名将高仙芝就此闪亮登场。

高仙芝为高句丽人，但必须要说明的是，高句丽是隋唐前生活在我国东北地区的民族，有别于朝鲜半岛南端的高丽的民族。

高仙芝是天生名将，不仅善骑射，骁勇果敢，而且韬略兵法，无师自通。

吐蕃占领了原属唐朝的即小勃律（在今克什米尔西北部，都城孽多城，今吉尔吉特），唐朝三次出兵不捷。天宝六年（公元 747 年），高仙芝为行营节度使，率军出击，翻越雄伟的葱岭（即今天的帕米尔，帕米尔为塔吉克语中"世界屋脊"之意）高原，俘获小勃律王，大振唐军声威，招降了拂菻、大食诸胡七十二国。

高仙芝远途奔袭的能力超乎想象，即使今人亦难望其项背。

英国探险家斯坦因曾指出："中国这位勇敢的将军，行军所经，惊险困难，比起欧洲名将，从汉尼拔到拿破仑，到苏沃洛夫，他们之越阿尔卑斯山，真不知超过若干倍。"

在这次胜利之后，高仙芝被提拔为安西节度使。

天宝八年（公元 749 年）十一月，吐火罗（在今阿富汗北部）叶护失里伽罗上表唐廷说，临近小勃律的朅师（帕米尔诸小国之一，在今巴基斯坦北部奇特拉尔）王亲附吐蕃，此王切断了小勃律与克什米尔之间的交通，请求唐朝调发安西兵一同击破朅师国。

时为安西四镇节度使的高仙芝奉命出军，于翌年二月击破朅师国，俘虏了朅师王勃特没。

这两次征战，使唐朝在对吐蕃的战争中取得了全面胜利，唐朝也发展到了顶峰。

高仙芝也为自己赢得了极大的声誉。

在这两次远征中，高仙芝先后采取了出其不意、乘胜追击、假途伐虢、断桥阻援的策略，拔其要点，速战速决，将唐军的伤亡降至最低。在谋略的运用上又环环相扣，一气呵成，牢牢掌握着战场的主动权，使敌无机可乘，其山地行军艺术更达到了出神入化的境界，被吐蕃和阿拉伯人誉为山地之王。

当此之时，唐朝成了塔里木地区、伊犁河流域和伊塞克湖地区的占有人和塔什干的宗主，控制了帕米尔山谷地区，成了吐火罗地区、喀布尔和克什米尔的保护者。

就在高仙芝忙于对付吐蕃的时候，阿拉伯的国内发生革命，阿拔斯王朝（中国称之为黑衣大食）建立。

在初步解决了吐蕃方面的问题之后，高仙芝开始采取手段对抗阿拉伯的势力。

鉴于突骑施败亡之后，阿拉伯恢复了在中亚的统治地位，高仙芝为了打破阿拉伯的统治，以石国（昭武九姓之一，都城拓折城，在今乌孜别克斯坦塔什干）无蕃臣礼节为由，发动了对石国的战争，俘获了石国国王那俱车鼻施。

在从石国回军的途中，高仙芝又突袭了突骑施，俘虏了移拨可汗。

其实，这场战争的实质是为了打击阿拉伯在中亚的势力，恢复唐朝在河中地区的统治权。

为了对抗高仙芝的进攻活动，阿拉伯联合河中所有属国准备进行反击。

高仙芝得到这个情报之后，于天宝十年（公元 751 年）四月，从安西出发，准备先发制人。

在翻过葱岭、越过沙漠，经过了三个月的长途跋涉之后，高仙芝在七月到达了阿拉伯人控制下的怛罗斯，并且开始围攻怛罗斯城（今哈萨克斯坦的江布尔城附近）。

今天许多历史研究者和军事家在研究这一段历史时，大为困惑，即高仙芝的数万军队是如何在长达两个月的时间内面临高原缺氧且几乎没有补给的情况下翻越帕米尔高原的？而这样一支理应疲惫不堪的军团还能在到达目的地后与拥有地利人和、数量数倍于己的阿拉伯军队作战，绝对是人类战争史上的奇迹。

据阿拉伯史书《创世与历史》记载，阿拉伯人在接到高仙芝进攻的消息之后，驻巴士拉的东方总督艾布·穆斯林立即下达命令，部将塞义德·本·侯梅德带不下数千人的部队抢先驻守怛罗斯城中，加强防守，为大军集结赢得时间。艾布·穆斯林带着自己的一万人赶往撒马尔罕构筑工事准备大战，齐雅德和另一将领艾布达·乌德·哈里德·本·伊卜拉欣·祖赫利召集河中的驻屯军一万人迅速赶往怛罗斯城。

高仙芝抵达怛罗斯城下，靠着步兵的强弓硬弩，发起疯狂的进攻。

战斗的前四天，中国骑兵完全压制了阿拉伯骑兵。

但是，第五天，阿拉伯援军赶到，从背后袭击唐军，双方在怛罗斯河两岸展开了决战。

葛逻禄部见势不妙突然叛变，唐军阵脚顿时大乱。

阿拉伯联军趁机出动重骑兵突击唐军阵营的中心，连日征战的唐军在内外夹击下再也支撑不住，终于溃败。

两万人的安西精锐部队，只剩下数千人逃出生天。

在收拢残兵之后，骁勇的高仙芝并不甘心，依然想进行一次反击，但是在副将李嗣业的劝说之下终于放弃。

应该说，在这场战役中，阿拉伯人也遭受了重创，毕竟，唐军已败退，他们却无力发起追击。

唐朝安西都护府的锐兵劲卒虽损失殆尽，但仅仅过了两年，势头复起，升任安西节度使的封常清大破吐蕃控制的大勃律（今克什米尔西北的巴勒提斯坦），威风重振。

可惜，渔阳兵起，安史祸乱，唐朝国力大损，被迫放弃了在中亚与阿拉伯的争夺。

西方学者勒内·格鲁塞说，如果不是唐帝国内部的那场内乱，也许不过几年，他们就会从阿拉伯人手中夺回他们的霸权。但是，随后爆发的安史之乱却使唐军永远地失去了这个机会，也正是这场来自帝国内部的持续八年的内战，几乎耗尽了这个强盛帝国的所有财富。从废墟中重建的那个帝国已不再是曾经的天可汗帝国，公元792年吐蕃人攻克了帝国在塔里木盆地的最后一个据点，汉人的军队在清以前的近八百年里再也没有踏上这片土地。

 ## 此将用兵如神，如若不死，无安史之乱

提起唐朝名将，人们首先会想起的是李靖、李勣、薛仁贵、郭子仪、李光弼这几位。

但是，唐玄宗朝有一位名将，文武双全、智勇兼备，帅才将略绝不在以上几位之下。

之所以名气不扬，主要是其生长于承平之年，而本人又忠厚低调，悲天悯人，心怀苍生，不忍建功而轻动兵刀。

他，就是曾手掌河西、陇右、朔方、河东四镇节度使大印的中唐名将王忠嗣。

古今名将，似乎都是为战争而生的，在战争中体现自身价值，在战争中燃烧自我，在战争中升华生命的意义。

但王忠嗣似乎是个例外。

王忠嗣的人生目的，不是为战争而生，而是为消灭战争而生，为和平而生。

这样的将军，应该冠之以"伟大"二字。

李光弼、哥舒翰等人都是王忠嗣一手提拔起来的名将。

某次，李光弼试探性地问王忠嗣，公何不学习卫青、霍去病出塞开边，建不世之功业？

王忠嗣淡然一笑，说："国家升平之时，为将者在抚其众而已！吾不

欲疲中国之力，以徼功名耳！"

说到这，有人以为王忠嗣非不屑为，乃不能为也。

其实不然。

我们来简单看看王忠嗣的作战能力吧。

先说个人武力。

说起个人武力，大家赞誉最多的是汉末三国的将领，似乎遍地都是个人武力奇高的猛将，除了赫赫有名的飞将吕布之外，还有蜀汉五大将，关羽、张飞、马超、黄忠、赵云；曹魏大将夏侯惇、夏侯渊、许褚、典韦、张郃；东吴孙策、太史慈、甘宁、周泰；等等。如果拿王忠嗣跟这些人比，王忠嗣大概会列在哪个位置呢？

撇开小说演义不提，单以正史中记载这些人在单场打斗中亲手毙敌人数论，姜维算比较厉害的。

姜维单人杀人纪录最高的一次，是假降钟会后，煽动钟会谋反，事泄，与敌拼死一斗，《三国志·钟会传》记载："姜维率会左右战，手杀五六人，众既格斩维，争赴杀会。"

姜维仗剑迎敌，亲手杀了五六个人，可谓厉害。

这方面，典韦堪可比肩姜维。

宛城之战，典韦为保曹操脱险，力战而死。《三国志·典韦传》记载："韦双挟两贼击杀之，余贼不敢前。韦复前突贼，杀数人，创重发，瞋目大骂而死。"

典韦在危难之中，杀了数人，也同样厉害。

但姜、典二人与东吴大将凌统比起来，又逊色了不少。

合肥之战，凌统为了保护孙权，力战杀敌，《三国志·凌统传》记载："统复还战，左右尽死，身亦被创，所杀数十人，度权已免，乃还。"

凌统的手下全部战死，他自己身上挂彩，却杀了数十人，让人惊骇。

曹魏五子良将之一的张辽也是个极狠角色，在其代表战——威震逍遥津之战中，《三国志·张辽传》记载："辽被甲持戟，先登陷陈，杀数十人，斩二将，大呼自名，冲垒入，至权麾下。"同样有手杀数十人的纪录。

但凌统和张辽还是没完成传说中的"百人斩"。

统观整部《三国志》，能完成"百人斩"的人是吴将丁奉。

魏国大将文钦投吴国，孙峻和丁奉负责接洽，眼看敌军咬尾紧追，《三国志·丁奉传》记载："奉跨马持矛，突入其陈中，斩首数百，获其军器。"

丁奉单人闯阵，斩杀数百人！

当然，最有名的，还是常山赵子龙在长坂坡救主的一战。但该战《三国志》并未记其杀敌数，所以没法比较。

说回到王忠嗣这边，《新唐书》记，王忠嗣跟随河西节度使杜希望讨伐吐蕃，"吐蕃大出，欲取当新城，晨压官军阵，众不敌，举军皆恐。忠嗣单马进，左右驰突，独杀数百人，贼众嚣相蹂，军翼掩之，虏大败。"

看，王忠嗣"独杀数百人"，纪录与丁奉相当。

也就是说，如若王忠嗣生在三国，绝对可以跻身一流武将行列。

不过，个人之勇不足为惧，万人之勇方可震天下。这里说的万人之勇，是指用兵打仗的军事才能。

在王忠嗣很小的时候，唐玄宗就把他当作霍去病一样的人物来看待。

王忠嗣的父亲王海宾为丰安军使，战死于武阶之战。

那一年，王忠嗣才九岁，作为烈士孤儿，被唐玄宗召见。

王忠嗣入到宫中，见了唐玄宗，伏地号泣。

唐玄宗心生恻然，抚摸着他的小脑袋，爱怜万分地说："此去病孤也，须壮而将之。"收之为义子，接到宫中抚养。

王忠嗣在宫中与忠王李亨关系非常好，年龄稍长，雄毅寡言，有武略。

某次，唐玄宗和王忠嗣谈论兵法，王忠嗣应对纵横，皆出意表。

开元十八年，王忠嗣出任兵马使，随河西节度使萧嵩出征，在玉川战役中以三百轻骑偷袭吐蕃，斩首上千级，俘虏四千余人，缴获牛羊上万头，吐蕃赞普仓皇逃命。

此战，堪与霍去病八百骑兵夜袭匈奴之战媲美，王忠嗣也一战成名，随后接替王晊担任陇右节度使。

初唐边患除了吐蕃为祸最烈之外，契丹也给唐廷造成不小的麻烦。

唐朝曾经五次北伐契丹，但五次均以失败告终。

武则天时代，这位铁腕女皇还曾下令征全国囚犯组成军队讨伐契丹，但同样劳而无功。

到了开元年间，契丹已成唐之大患。

开元二十六年，王忠嗣率十万骑兵北伐契丹，出雁门关，于桑干河三战三捷，将奚和契丹的二十万联军打得落花流水，奚、契三十六部全部向唐军投降，之后几十年不敢作乱。

王忠嗣威名大震于天下。

天宝初年，突厥余众共立判阙特勒之子为乌苏米施可汗。唐玄宗遣使谕令乌苏内附，乌苏不从。

王忠嗣奉旨出征，一路势如破竹，直抵萨河内山，雷霆猛击，攻破突厥东部军事力量，取乌苏米施可汗首级至长安。

至此，曾经称雄北方一百余年的突厥汗国黯然退出历史的舞台。

天宝五年（公元 746 年），唐玄宗命王忠嗣兼任朔方、河东、河西、陇右四节度使。

一人佩四镇之印，拥兵近三十余万，掌控万里边疆，这在大唐帝国的历史上绝无仅有。

也在这一年，王忠嗣发动了对吐蕃的青海湖会战，大破吐蕃北线主力，并乘胜追击，在积石会战中全歼吐蕃残部，斩两吐蕃王子，俘虏了八千名依附吐蕃的吐谷浑军，迫使吐谷浑降唐。

自此，吐蕃在青海地带对唐朝由战略进攻转为战略防御，其对河西地带的威胁已基本解除。王忠嗣又千里奔驰，击败吐蕃、大食联军，吓得大食从此宵遁，不敢再来招惹唐军。

这一时期，大唐威震八方，四海畏服。

不过，诚如前文所述，王忠嗣憎恶"一将功成万骨枯"的武将成名之路，毕生主张"以持重安边为务"。

《新唐书》载，王忠嗣本人随身常带着一张重150斤的漆弓，但从不轻易使用。

王忠嗣的军事思想是"以武止戈"，他的军事武力更多体现在一种强大的精神震慑之上。这种思想与唐玄宗的想法大相径庭。

唐玄宗在执政后期，妄自尊大，穷奢极欲，和喜欢穷兵黩武的汉武帝有得一拼，不断对周边地区动用武力，一心想征服世界。为此，张说、张九龄等名相相继被贬，中央已经没有什么人敢去稍加遏制唐玄宗那颗自我膨胀的勃勃野心了。

唐玄宗对王忠嗣以静待动、不喜欢折腾的做派产生了不满。

古语说："自古忠贤，工谋于国则拙于身。"

王忠嗣就是这样一个"谋于国"却"拙于身"的人，他丝毫没有觉察到皇帝对自己的不满，自己身为四镇节度使，却参了三镇节度使安禄山一本，指称"安禄山必反"。

安禄山在朝内有一个好朋友——臭名昭著的"口蜜腹剑"人物、宰相李林甫！

李林甫与安禄山臭味相投，互有所求。

李林甫看王忠嗣参劾自己哥们，就反咬王忠嗣一口，说王忠嗣是四镇节度使，造反的可能性比安禄山大。

李林甫诋毁王忠嗣，除了替哥们抱不平外，还有一个原因，即依唐制，地方节度使如果功勋卓著，很可能会入朝为宰相。李林甫可不想看到王忠嗣入长安为宰相。

王忠嗣为证自清，请求辞去二镇的节度使职位。

唐玄宗含笑批准，并给王忠嗣下了一道命令：攻击吐蕃的石堡城。

石堡城并非普通意义上的城池，其以悬崖为城，有金汤之固，不付出上万人生命的代价休想攻得下来。

王忠嗣一口否定，告诫朝廷说，吐蕃倾全国之力守卫石堡城，而石堡城形势又是如此险固，非死亡数万士卒不能拔取，不如等待有利时机，再行攻取。

唐玄宗没对王忠嗣说什么，而把任务交给了另一位将军董延光，让董延光去攻石堡城。

唐玄宗此举是在对王忠嗣进行变相的警告。

河西兵马使李光弼希望王忠嗣能做些变通，但王忠嗣却坦然说道："我之所以不用几万人的生命去换取一座石堡城，是因为取得了也不能控制对方，而这城在吐蕃手里对我们也不会产生什么威胁，所以我才不肯出兵。我岂能忍心以几万人的性命换取一个官职！"

王忠嗣的话让人感动，但他也很快因为自己的话遭受到了惩罚。

董延光在进攻中遭遇了惨败，为了推卸责任，他说是王忠嗣阻挠他的军事计划。

李林甫在这个时候又跳了出来，诬蔑王忠嗣要谋反。

唐玄宗二话不说，将王忠嗣革职，令人将其带回长安，交由三司（刑部、御使台、大理寺）审问。

审问的结果是，王忠嗣被判死刑。

时继任垄右节度使的哥舒翰感念王忠嗣知遇之恩，入朝死保王忠嗣不反。

最终，王忠嗣死罪免去，被贬为太守。

两年后，王忠嗣在任上暴病而死，年仅四十三岁。

同年，歌舒翰领命攻打石堡城，战死数万人才攻克，仅俘获吐蕃兵四百人，与王忠嗣的预料完全一致。

王忠嗣死后六年，安史之乱爆发，盛唐终结，唐朝从此走上下坡路，直至灭亡。

有史家认为，安史之乱与一代名将王忠嗣的被贬和早亡有着深刻的联系。

天宝初年，唐帝国军镇兵力布局大致是这样：

安西、北庭两镇共有兵力四万四千人，相当于唐朝的左臂，舒展到中亚，宣示着盛唐的地位和强大。

范阳、平卢两镇共有兵力十二万八千九百人，相当于唐朝的右臂，拒挡着来自东北方向契丹等的侵扰。

河西、朔方、河东、陇右四镇共有兵力二十六万九千七百人，相当于唐朝的腹心，一方面要消除来自吐蕃、突厥、回鹘等的威胁，另一方面要拱卫长安、关中地区的安全。

王忠嗣原担任四镇节度使，手下有歌舒翰、李光弼等劲将锐兵，大唐可谓固若金汤。

王忠嗣被贬，平衡被打破，安禄山就有了北边坐大之势。

而安史之乱爆发之后，郭子仪、李光弼等人年龄接近，地位相仿，出身相似，互不服对方，即朝廷缺少了王忠嗣这样能统率各镇兵将的帅才，极容易陷入各自为战的局面，仗就打成了烂仗。

设想一下，如果王忠嗣不早死，由其全面主持战事，安史之乱很可能只是大海上跳跃的几朵小浪花，瞬间即逝。

可惜，历史不能假设。

现实就是如此残酷：盛唐的局面就此一去不返，西域也因此丢失一千多年。

 仰天大笑出门去，李白就这么傲娇

"安能摧眉折腰事权贵，使我不得开心颜"是大诗人李白在名作《梦游天姥吟留别》一诗中的结束语，言辞愤慨，掷地有声，很有性格。

"仰天大笑出门去，我辈岂是蓬蒿人"则是李白另一名作《南陵别儿童入京》的结束语，得意忘形，铿锵有力，充满自信。

把这两句诗结合在一起，充斥着无限才情和豪气。

不错，那个落笔摇五岳、啸傲凌王侯，独领风骚的天才诗人李白就是这么傲娇、这么任性、这么不受拘束和热切追求自由。

世间也因此流传有杨国忠为李白磨墨、高力士为李白捧靴的故事。

而将这故事完整地编写成小说的明朝人冯梦龙，在《警世通言》第九卷的《李谪仙醉草吓蛮书》中淋漓酣畅地叙述了李白捉弄权势小人的全过程。

这个故事的由来是有根据的。

晚唐文人李浚在笔记《松窗杂录》中有记：开元年间，宫中的牡丹花开了，唐玄宗诏特选梨园弟子奏乐赏花，并让翰林供奉李白写清平调三章助兴。李白醉酒狂妄，让高力士为自己脱靴，从此"高力士终以脱乌皮六缝（靴）为深耻"。

另一同时代人段成式在志怪小说《酉阳杂俎》中记："李白名播海内。玄宗于便殿召见。神气高朗，轩轩然若霞举。上不觉忘万乘之尊。因命纳履。白遂展足与高力士曰：去靴。力士失势，遽为脱之。及出，上指白谓力士曰：此人固穷相。"

这两则故事写得生动传神，高力士为李白脱靴、捧靴之说随后就被写入正史、搬上舞台，脍炙人口。

《唐才子传》在高力士为李白脱靴、捧靴故事的基础上，又讲述了另一个更生动的故事：李白在华阴县醉酒骑驴，误冲撞了华阴县长官。县令大为生气，问：什么人啊？这样横冲直撞。李白趾高气扬地回答说："曾令龙巾拭吐，御手调羹，贵妃捧砚，力士脱靴。天子门前，尚容走马，华阴县里，不得骑驴？"县令一听对方来头这么大，赶紧行礼道歉。李白哈哈大笑，扬长而去。

李白要高力士为自己脱靴、捧靴事，真的就是史实吗？

明人钟泰华在《文苑四史》表示，脱靴故事"恐出自稗官小说"，不可信。

清人王琦在《李太白文集跋》中也说："后人深快其事（指高力士脱靴），而多为溢美之言以称之。然核其事，太白亦安能如论者之期许哉。"

的确，李白当时不过是翰林待诏，是个弄臣，仅供皇帝消遣，哪能让高力士为自己脱靴呢？

李白曾写过一篇《为赵宣城与杨右相书》，文中盛拍杨贵妃堂兄杨国忠的马屁，把杨国忠比喻为舜帝的贤臣夔与龙、东晋王朝的擎天柱谢安，称杨国忠是"入夔龙之室，持造化之权。安石高枕，苍生是仰"。

也就是说，李白写"安能摧眉折腰事权贵，使我不得开心颜"，其实那都是气话，是屡屡钻营失败后的气话、昏话、胡话。其实，他一辈子都在摧眉折腰事权贵，希冀获得权贵们的青睐和提携。

你看，写于天宝元年（公元742年）的《南陵别儿童入京》，彼年，李白已经四十二岁，得到唐玄宗召他入京的诏书，高兴得不得了，立马回到南陵家中，收拾行装，与儿女告别，向世界傲娇地宣布："仰天大笑出门去，我辈岂是蓬蒿人！"

而这首《南陵别儿童入京》也真实反映出李白入京时间是在天宝初年，而不是李浚《松窗杂录》所说的"开元年间"，即《松窗杂录》所记根本不可靠。

李白在《代宋中丞作自荐表》也交代得清清楚楚："天宝初，五府交辟（推荐），名动京师。上皇闻而悦之，召入掖庭。"入京时间为"天宝初"，明明白白，不容置辩。

志怪小说《酉阳杂俎》载，唐玄宗竟然为李白的风采和气度所震慑，"不觉忘万乘之尊"，分明是小说家语，根本不足为凭。

回头再说说高力士，高力士本人行事端谨，在《全唐文》诸卷中历历可考，不但素得时人敬仰，即使是张说、张九龄、李邕等贤相名臣也对之尊重有加。高力士最出彩的表现，就是助唐玄宗平定韦皇后和太平公主之乱，累官至骠骑大将军。李白有什么捉弄他的必要？高力士晚年反对权幸宦官李辅国逼迫太上皇西迁，被贬往夜郎。李贽在《史纲评要》赞："高力士真忠臣也，谁谓阉宦无人。"

这样的忠臣，不说李白没有捉弄他的必要，就算李白要捉弄他，也必然遭到唐玄宗的反对。

所以，唐人李肇在《国史补》记："李白在翰林，多沈饮。玄宗令撰乐辞，醉不可待，以水沃之，白稍能动，索笔一挥十数章，文不加点。后对御，引足令高力士脱靴，上命小阉排出之。"看，李白伸脚到高力士的面前，要高力士脱靴子。唐玄宗生气了，命令小阉官"排出之"，将他赶出宫去。

《旧唐书·文苑下》则记载为"由是斥去"，将李白斥骂走。

也就是说，高力士为李白脱靴之事，根本是子虚乌有。

家族三十余人被杀，他以含血泪之墨，写出了天下第二行书

秦人蒙恬发明毛笔、东汉人蔡伦改进纸张，为书画艺术提供了巨大的发展前景。

而经过蔡邕、钟繇等人的引领，魏晋之后，书法焕发出其独特的艺术魅力，让越来越多的人沉醉并投身其中。

到了东晋，一代书圣王羲之横空出世，其书法作品成了中国书法界的典范和坐标。

而王羲之的作品之中，又以《兰亭序》为冠。

《兰亭序》诞生于东晋穆帝永和九年（公元353年）三月三日。

该日，王羲之与谢安等四十一名高洁之士，在山阴（今浙江绍兴）兰亭修禊，举行了一次别开生面的诗会：置酒觞于清流之上，任其漂流，

停在谁的前面，谁就即兴赋诗，诗不成则罚酒，所谓"曲水流觞"是也。

诗会结束，谢安将当日大家所赋三十七首诗结集，王羲之乘酒兴作序，成千古绝响——《兰亭序》。

序记兰亭山水之美和聚会诗酒之欢，含生死无常之慨，却又清新脱俗，骈句多却不拘谨呆板，堪称绝妙好文，被清人吴楚材、吴调侯录入《古文观止》。

不过，《兰亭序》最大的成就，不在文章文采，而在文字书法。

《兰亭序》写于醉后酒兴勃发之际，行书字体，共二十八行，三百二十四字，章法、结构、笔法巧夺天工，字体潇洒流畅，气象万千。

后人称此神作是"清风出袖，明月入怀"。

王羲之后来挑战自我，又写了几篇，再达不到如此神韵，只好怏怏放弃，感叹说："此神助耳，何吾能力致。"

此作因此被历代书家推为"天下第一行书"。

既是"天下第一行书"，则为高山仰止，无人可以超越，后世再有神作出现，只能冠以"天下第二行书""天下第三行书"之名。

那么，写出"天下第二行书"的人是谁呢？写"天下第二行书"作品的背后又有什么样的故事呢？

这个人，自然得是书法界的一代宗师颜真卿，但其写出"天下第二行书"，却让许多人感到意外。

书法界宗师，除书圣王羲之之外，还有四位泰斗级的人物：颜真卿、赵孟頫、柳公权、欧阳询。

不过，这四个人主要以楷书见长，并称"楷书四大家"。

其中第一位：颜真卿，京兆万年（今陕西西安）人，楷书雄秀端庄，结字由初唐的瘦长变为方形，用笔浑厚强劲，貌似肥胖，却有筋骨，有锋芒，大气磅礴，极具盛唐气象。

俗话说，字如其人。

颜真卿秉性正直，笃实纯厚，性格刚正，正气凛然，以义烈闻名于世。

那么，以楷书奠定书坛巨匠地位的颜真卿是怎么写出"天下第二行书"的呢？

这得从安史之乱说起。

话说，玄宗天宝十二年（公元 753 年），颜真卿被杨国忠排挤，出为平原（今山东德州）太守。

平原郡属安禄山辖区，颜真卿早觉察到安禄山有谋反的迹象，暗中加高城墙，疏通护城河，招募壮丁，储备粮草。

天宝十四年（公元 755 年），安禄山玩起了"清君侧"的游戏，借口奉密诏讨伐杨国忠，在范阳（今北京南）悍然起兵。

仿佛一夜之间，河北大部分郡县沦陷。

唐玄宗顿足悲叹："河北二十四个郡，难道就没有一个忠臣吗？"

其实，颜真卿早有防范，先保平原城不失，随后从容举起义旗，起兵讨叛，已被推为义军首领。

当颜真卿派快马到长安报告消息时，玄宗破涕为笑，对左右说："是我不知颜真卿其人，竟能做出这样出色的事！"

颜真卿的堂兄颜杲卿任常山（今河北正定）太守，与颜真卿志向相同，其一面派第三子颜季明与颜真卿联系，一面设计谋杀叛军将领李钦凑。

颜杲卿的谋杀计划非常顺利，夺取了土门（今河北井陉）要塞的控制权。

但是，颜杲卿长子颜泉明在押俘报长安请援途中，遭到了太原节度使王承业的截留。

请不到援兵，颜杲卿孤城难守，全家被安禄山俘虏。

安禄山凶残成性，手杀了颜氏家族三十余人，其中包括被颜真卿派回常山的颜季明。颜杲卿则被押解至洛阳，先铡断一足，后凌迟处死。

颜真卿听到这个消息，悲愤莫名，派颜杲卿长子颜泉明到常山、洛阳寻找颜季明、颜杲卿遗骸。

最终，只找得到颜季明头部和颜杲卿部分尸骨。

在安葬这些尸骨时，颜真卿老泪纵横，援笔作文，作《祭侄文稿》（又称《祭侄季明文稿》）。

全稿计二十五行，共二百三十四字（另有涂抹字三十余个）。

因为是在极度悲愤的情绪下书写，字间行气，随情变化，不计工拙，无意姿态，内心感情在书写间自然流露，通篇波澜起伏，有沉郁痛楚、低回掩抑处，又有痛彻心扉、声泪俱下处。且观其十八行"呜呼哀哉"字，墨枯情尽，似乎悲痛已至极点，但第十九行至篇末，雷声再响，风暴重现，悲情喷薄，且看"首榇"两字，数番涂改，让人睁不开眼，天旋地转，泣血哀恸，一直至末行"呜呼哀哉尚飨"，令人触目惊心，撼魂震魄，实为世间悲愤不二的书法神作！

元鲜于枢因此在《书跋》中称："唐太师鲁公颜真卿书《祭侄季明文稿》，天下第二行书。余家法书第一。"

鲜于枢的评语得到了后来历代书家的公认。

据说，颜杲卿被施剐刑前，安禄山曾将之绑在天津桥柱上，命令行刑者用刀子割他的肉塞到他的嘴里，甚至用钩子割断他的舌头，问："还能骂吗？"颜杲卿毫不屈服，含混痛骂，至死方休。

颜杲卿，就是这样一条铮铮铁汉，骂贼而死。

与兄长相比，颜真卿也毫不逊色。

二十多年后，淮西节度使李希烈叛乱，七十五岁的颜真卿被朝廷派去宣慰李希烈，意在劝导安抚。但李希烈铁了心要反朝廷，派千余名手下团团包围着颜真卿，猖狂狂吠，谩骂朝廷，拔刀恐吓。颜真卿眉头皱都不皱，厉声说："你们听说过骂安禄山而死的颜常山没有？那是我兄长，我将近八十岁了，官做到太师，至死持节，怎么会屈服于你们的胁迫！"

李希烈脸带狞笑，暂时将颜真卿拘押，变着法子威胁。

不日，李希烈命人在庭院中挖了一丈见方的坑，扬言说要活埋颜真卿。

颜真卿从容地说："死生有命，何必多搞这些把戏！"

李希烈的手下在柴薪上浇上油点火，威胁说："再不投降，就烧死你！"

颜真卿二话不说，起身跳入火中。

最终，李希烈看难以使颜真卿屈服，派人缢杀了他。

绍兴三年（公元1133年），宋高宗赵构御赐颜真卿庙额为"忠烈"，尊其为神。

此武举人曾历经七朝，为四代帝王保护神

中国古代武举制度创始于武则天长安二年（公元702年）。

该年，武则天"诏天下诸州宣教武艺"，并确定在兵部主持下，每年为天下武士举行一次考试，考试合格者授予武职。

学者们通常认为，这是我国科举制度中"武举"或"武科"的肇始。

这之后，武举考试为大多数封建王朝所承袭，成为封建国家选取武备人才的重要制度。

不过，唐代的武举制度很不完善，武举科只是与进士科一样，属于平行的选士科目，而且武举中举人数也很少，每科只有十数人，受重视程度很低。

唐朝的武举及第者，罕有留下姓名者。

但郭子仪却是个例外。

《旧唐书·郭子仪传》称"子仪长六尺余，体貌秀杰，始以武举高等补左卫长史，累历诸军使"。

就因为成绩为"武举高等"，其后来名气又大得惊人，故很多人喜欢以"武状元"呼之。

实际上，即使在武举制度已经相当完善的宋代，正式考试分为解试、省试、殿试三级，也没有武状元的叫法——对殿试第一名，人们只称之为"榜首"。

到了明朝，在相当长的时间里是没有殿试的，即只有武举人，没有武进士。

到了崇祯四年，大明国势江河日下，崇祯皇帝为了发掘人才，挽救时局，毅然开设武举殿试。

从崇祯四年到崇祯十六年共进行了五科，产生了五个历史上真正的武状元。

清朝的武举基本上和文举相同，都是童试、乡试、会试、殿试四级，自顺治三年开科，到光绪二十四年结束，一共二百零九科，产生了二百零九个状元。

无论是宋朝的"榜首"还是明清两朝的三百多个武状元，都没有谁的战功可与郭子仪相比，也没有谁的人生有郭子仪完美。

郭子仪一生历经武则天、唐中宗、唐睿宗、唐玄宗、唐肃宗、唐代宗、唐德宗七朝，充当了其中唐玄宗、唐肃宗、唐代宗、唐德宗四朝的保护神、擎天柱。

天宝十四年（公元755年），蓄谋已久的范阳节度使安禄山起兵造反，十五万叛军席卷而来，很快攻占了东都洛阳。

承平日久、文恬武嬉的朝廷迅速陷入一片惊恐之中。

沧海横流，显英雄本色。

郭子仪临危受命，任朔方（今宁夏灵武西南）节度使，与来势凶猛的叛军展开生死搏杀，反复较量。

其间，郭子仪兵行险着，以五百骑兵诱敌深入，在嘉山（今河北定西）斩敌首四万级，生擒五千人，稳住了局势。

可惜的是，年老昏聩的唐玄宗放大昏招，严逼名将哥舒翰弃潼关迎敌。

结果，潼关失守，长安陷落。

唐玄宗急急胜似丧家之犬，惶惶仿如漏网之鱼，哭着喊着逋往四川避难。

大唐王朝风雨交加，帝国大厦摇摇欲坠。

在这种背景下，太子李亨在灵武即位，是为唐肃宗，遥奉唐玄宗为太上皇。

郭子仪率领五万朔方军扈驾，"军声遂振，兴复之势，民有望焉"。

至德二年（公元757年），郭子仪极力促成向回纥借兵之举，自己亲率唐、回联军向叛军发起反击。

临行，郭子仪向唐肃宗立下誓言："此行如果不能获胜，臣将以死谢罪。"

果然，郭子仪不负众望，先后收复长安、洛阳两京，将叛军逐至邺城（今河南安阳）。

唐肃宗万分感激，亲自劳军灞上，握着郭子仪的手，情深款款地说："国家再造，卿力也。"

但是，乾元元年（公元758年），当九路节度使奉诏讨伐安庆绪时，唐肃宗却担心郭子仪功劳太大，以后会尾大不掉，故意不以之为帅，仅指定由宦官鱼朝恩担任观军容宣慰处置使，负责协调军中大员。

这样的安排是很危险的，已为接下来的失败埋下了伏笔。

邺城之战，旷日持久，各个将领互相观望，进退失据，最后一个个撤回了本镇。

鱼朝恩将锅甩给郭子仪，说一切恶果都是郭子仪造成的。

唐肃宗听信谗言，召郭子仪回朝，改让李光弼指挥朔方军。

郭子仪也不分辩，立刻解甲归去。

上元二年（公元761年），李光弼邙山战败，河阳失守，且太原、绛州（今山西新绛）两地驻军擅杀主帅，场面失控。

没奈何，唐肃宗只好重新起用郭子仪，晋封其为汾阳郡王。

这一年，郭子仪已经六十六岁了。

郭子仪到了绛州，三下五除二地平息了军乱，并接连打了几个胜仗。

但是，唐肃宗病重，不治身亡。新继位的唐代宗李豫受宦官程元振的蛊惑，罢免了郭子仪的军权。

郭子仪这次不再沉默，为证清白，把唐肃宗赏赐给自己的诏书敕命千余篇全部交给了唐代宗。

唐代宗读之羞惭，下诏解释说："朕不德，诒大臣忧，朕甚自愧，自今公毋疑。"

广德元年（公元763年），众叛亲离的史朝义自杀，延续七年的安史之乱终于平定。

但是，一波甫平，一波又起。

这一年，仆固怀恩不满朝廷封赏，暗中约召回纥、吐蕃寇河西，践径州，犯奉天、武功。

唐代宗见势不好，匆匆忙忙拜郭子仪为关内副元帅，坐镇咸阳，自己离京窜往陕州避难。

郭子仪此前因遭罢官，身边只有老部下数十个骑士，接到诏命，不畏艰难险阻，临时抓瞎，不断招揽民兵以扩充，南下路上，大张旗鼓，用疑兵计。

吐蕃人本已攻入了长安，但以为唐军大部队来了，仓皇撤去。

这样，唐代宗得以平安返回皇宫。

唐代宗见到郭子仪，哽咽着声音说："我任用你太晚，才到这个地步。"下令赐郭子仪铁券，并命人将他的画像悬挂在凌烟阁上。

永泰元年（公元765年），仆固怀恩再次集结起回纥、吐蕃、党项三十万人马进犯长安。

郭子仪单骑去会回纥首领，责以大义，用自己的一腔赤诚劝之退兵。

这就是历史上最富传奇色彩的事件——"单骑退回纥"。

此后，郭子仪就以副元帅的身份驻守河中（今山西永济西），多次击退吐蕃入寇，忠诚地守卫着大唐帝国。

大历九年（公元774年）二月，郭子仪入朝，在延英殿拜见唐代宗，语及吐蕃的不断坐大，自责不已，痛哭流涕，上表"乞骸骨"（退休）。

这时候的唐代宗相当清楚，郭子仪虽然年迈，却仍是大唐帝国的擎天柱，如何肯允？

大历十四年（公元779年），唐代宗崩，唐德宗继位。郭子仪被调回朝廷，进位太尉，仍兼中书令，充任皇陵使，赐号"尚父"，并加食邑至两千户。

建中二年（公元781年），郭子仪病重，唐德宗命舒王李谊前往探病。

该年六月十四日，郭子仪去世，享年八十五岁。

唐德宗亲往安福门哭送，追赠太师，赐谥号"忠武"，配飨代宗庙廷，陪葬建陵（唐肃宗李亨墓，今陕西礼泉县）。

按照礼仪制度，郭子仪的墓葬应有一丈八尺的高度，唐德宗特意将墓葬再增高十尺，以彰显其盖世功勋。

郭子仪所提拔的部下幕府中，有六十多人后来皆为将相，其八子七婿，皆贵显于当代。

典故"满床笏"说的就是郭子仪晚年做寿时，八子七婿皆来祝寿，由于个个都是朝廷里的高官，带来的笏板堆满了床头。

郭子仪的一生，可谓"富贵寿考"四字俱全，堪称赢家。

而在郭子仪逝后第二年（建中三年，公元782年），礼仪使颜真卿向唐德宗建议，追封古代名将六十四人，并为他们设庙享奠，"太尉中书令尚父汾阳郡王郭子仪"赫然位列其中。

北宋宣和五年（公元1123年），宋室依照唐代惯例，为古代名将设庙，七十二位名将中亦有郭子仪一席之位。

明朝洪武二十一年（公元 1388 年），明太祖取古今功臣三十七人配享历代帝王庙，其中也有郭子仪。

清朝康熙年间，遵循明朝旧例，取古今功臣四十一人配享历代帝王庙，郭子仪同样在内。

郭子仪"再造王室，勋高一代"，却能"天下以其身为安危者殆三十年，功盖天下而主不疑，位极人臣而众不嫉，穷奢极欲而人不非之"，真称得上是奇迹。

 ## 中兴猛将屡演一骑当千之壮举

在《水浒》《三国》等中国古典小说中，作者每要形容一个将军的生猛度，最喜欢说的语句是"其有万夫不当之勇"。

一人敌万人，当然是不可能的。

但这些小说中，经常出现英雄猛将单骑闯阵，取上将首级如探囊取物的情节。

那么，问题来了。

一个比较能打的将军，以他一个人的武力，通常可以应战多少小兵呢？

为此，日本人曾经搞过一个真人模拟实验，最后得出的结论是：四至六个。

但实验终究只是实验，与真正以性命相搏的战场还是有很大差距的。

我们知道，一个手持凶器的狂徒，如果已经失去了理智，不惧生死，在街头行凶，很可能会出现一个人追着一街人砍的场面。

那么，在古代战场上，像项羽、关羽一类超级战神一个人追着数百人甚至上千人砍杀的情形就不足为奇了。

这里，说一个屡次上演"一骑当千"之壮举的唐朝战神。

该战神就是大唐中期猛将马璘。

马璘是岐州扶风（今陕西扶风）人，出身将门，祖父马正会曾为右威卫将军，父亲马晟曾为右司御率府兵曹参军。

马姓"扶风堂"自东汉以来名将辈出，如马援、马融、马棱、马日磾、马超等。

算起来，马璘也是马援的后人。

马璘少年读史，读到范晔《后汉书·马援传》中马援放出的豪言"男儿要当死于边野，以马革裹尸还葬耳，何能卧床上在儿女子手中邪"，不由得心潮澎湃、热血沸腾，将书本一丢，拍案而起，大吼道："岂使吾祖勋业坠于地乎！"遂以"马革裹尸"为己愿，参军入伍，在安西都护府自效。

天宝十四年（公元755年），马璘在边陲积战功已迁至左金吾卫将军同正。

这年十一月，安史之乱爆发。

身兼范阳、平卢、河东三镇节度使的安禄山从范阳（今北京城西南）发兵十五万，汹涌南下，直扑洛阳、长安。

唐玄宗闻讯，仓皇出逃，遁于成都。

太子李亨逃到朔方，即帝位于灵武，是为唐肃宗。

马璘统精兵三千，至凤翔护驾勤王，初战卫南（今河南滑县东），以百骑破叛军五千之众；再战河阳（今河南孟州市南），因功任镇西节度使。

这里重点说说安史之乱后期洛阳西原会战中马璘的惊艳表现。

彼时为宝应元年（公元763年）十月底，唐玄宗、唐肃宗、安禄山、安庆绪、史思明等人已相继去世，两大阵营的领袖分别是唐代宗李豫和史朝义。

唐代宗以其子雍王李适为天下兵马元帅，仆固怀恩为诸军节度行营副元帅，与诸道节度使军队及回纥兵会攻据守在洛阳的史朝义。

史朝义命其部将率兵数万，于城外立栅充当第一防线，企图阻挡唐军。

仆固怀恩则布阵于西原，另派骁骑沿山迂回至城外史军栅营的东北侧，前后夹击，一齐发力。

该日，杀声震地，日月无光。

史朝义担心城外部众有失，亲率主力十万出城援救，列阵于昭觉寺。

唐军轮番向史朝义阵营发起猛烈攻击，但叛军阵坚如铁桶，岿然不动。

神策军观容使鱼朝恩结弩阵射阵，漫天箭雨，疾如流星，仍未得志。

马璘看得目眦尽裂，大喝道："事若不济，将奈何?!"双手舞槊，一马当先，驰入敌阵，左右奋击，夺贼两牌。

叛军看来人犹如天神下凡，心中凛怵，一下子就乱了起来。

马璘更见精神，左右披靡，人马辟易。

唐大军乘势跟进，大败叛军，从而一举收复东京洛阳及河阳城。

此战，是唐军与叛军之间的最后较量，马璘率骑冲阵，对胜利起了重要作用。

李光弼因此大赞道："吾用兵三十年，未见以少击众，有雄捷如马将军者。"

宝应二年（公元763年）正月，史朝义在绝望中自杀，历时七年又三个月的安史之乱终于宣告结束。

该年九月，仆固怀恩因见忌而发动叛乱，诱吐蕃入寇。

唐代宗见势不好，出逃陕州避难。

马璘时任镇西节度使，率精骑四千余人自河西（指河西走廊及湟水流域）前往救急。

行至凤翔，逢蕃军云合，围攻凤翔。

马璘身先士卒，奋起猛击，斩蕃军数千级，漂血丹渠。

此战过后，马璘名声如日中天。

代宗回京，令马璘兼御史中丞，不久，又授北庭行营、邠宁节度使、兼御史大夫，旋加检校工部尚书。

马璘词气慷慨，以破虏为己任。

在边关任上，马璘分建营堡，缮完战守之具，频破蕃兵。

大历九年（公元 774 年）五月，马璘入朝任尚书左仆射，再进封扶风郡王。

大历十年（公元 775 年）九月二十一日，吐蕃举兵攻唐。

马璘奉命率军还击，于百里城大败敌军。

大历十一年（公元 776 年）十二月十三日，马璘病逝于军中，享年五十六岁。朝廷废朝以示哀悼，并追赠司徒，谥曰"武"。

"薛刚反唐" 并非全盘虚构

与《杨家将》《呼家将》等演义评书相类似，唐朝也有一个将门世家——薛家将。

关于"薛家将"这个群体的刻画描写，"说唐系列"中有《薛仁贵征东》《薛丁山征西》《樊梨花挂帅》《薛刚反唐》等。

讲真，历史上真实的"薛家将"，可比"杨家将""呼家将"厉害多了。

"薛家将"的代表人物当然是薛仁贵，但薛仁贵也并非毫无来历之辈，他可是南北朝时期刘宋、北魏名将薛安都的后人。他的曾祖父薛荣、祖父薛衍、父亲薛轨，都曾相继在北魏、北周、隋朝任官。

薛仁贵征战疆场的"代表作"有：大败九姓铁勒，降伏高句丽，击破突厥，留下"良策息干戈""三箭定天山""神勇收辽东""仁政高句丽""爱民象州城""脱帽退万敌"等脍炙人口的故事，称之为绝世名将绝不过分。

难得的是，薛仁贵的儿子也非寻常之辈，尤其是长子薛讷，曾任幽州太守，长期跟突厥作战。后率军大破吐蕃，雪了父亲的大非川之耻。

史书对薛讷的评价是"性沉勇寡言，其用兵，临大敌益壮"。

应该说，薛讷就是《薛丁山征西》中"薛丁山"的人物原型。

这里，重点讲讲薛仁贵的第五子薛楚玉。

薛楚玉原本是赫赫有名的范阳、平卢节度使，但遭人陷害，以渎职之罪被免职。

薛楚玉被免职后，接任范阳、平卢节度使的是张守珪——这个张守珪后来收养了一个养子，名为安禄山。

再说回薛楚玉，薛楚玉有两个儿子，长子薛嵩、次子薛昽。

薛嵩是个杨志式的人物，即金圣叹所说的"旧家子弟"，"有膂力，善骑射，不知书"，不肯从事生产，生平喜好蹴鞠。

眼看着父亲被免职，家族走入没落，薛嵩很不甘心，一门心思想着要重整祖业，再振薛家雄风。

但是，这时的唐明皇整天与杨贵妃腻歪在一起，朝政已被杨国忠掌控，薛嵩又"不知书"，除了蹴鞠和拎刀子砍人的本事，什么也不会，怎么才能让家族翻身呢？

公元755年，安禄山在范阳起兵造反。

和历史上著名枭雄桓温那"不能万古流芳，就遗臭千古"的心态相同，薛嵩加入了造反洪流，凭着与生俱来的砍人狠劲，在叛军中异常出彩，很快就被提拔为相州刺史，成了封疆大吏。

不过，随着郭子仪、李光弼等中兴名将的涌现，乾坤倒转，局势被一点点扳回，胜利的天平倾向了朝廷。

这种情况下，薛嵩见好就收，举兵反正，投降了朝廷。

结果，薛嵩摇身变成了朝廷的检校刑部尚书，领相、卫、洺、邢等州节度使。

安史之乱结束，薛嵩感念朝廷恩义，奉职谨慎，于大历初年被加封为高平郡王、检校尚书右仆射等职，官爵远远超过了他的父祖，且画像被奉入凌烟阁中。

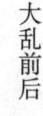

显然，《薛刚反唐》的故事就脱胎于薛嵩的经历。

特别值得说明的是，薛嵩死后，他的儿子薛平历任平卢军节度使、河中节度使，出将入相，煊赫一时，年届八十时病死。

薛平之子薛从，也官任右领军卫上将军，统领朝廷禁军。

可以说，唐王朝是中国古代历史上对待有造反污点人物最宽容的朝代，薛嵩一族未因曾经参与造反而被灭门，反而兴旺发达，喜感满满。

而唐王朝的灭亡，也与这一宽容做法不无关系。

篡唐灭李的唐末枭雄朱温原本跟随黄巢作乱，在黄巢败亡前夕改旗易帜，投降了李唐，拥有了与薛嵩相类的待遇，却不像薛嵩一样感念朝廷恩义、奉职谨慎，而是变本加厉，反唐、叛唐、篡唐，建立后梁，把历史的车轮推进了五代十国的大动乱时期。

被遗忘的部队，孤守绝域半世纪

从汉代开始，西域就是东西方交汇的要道，也是经济文化十分发达的一个地区，谁控制西域，谁就能垄断东西方贸易。

为了控制西域，唐贞观十四年（公元640年）九月，唐太宗派大将侯君集在交河城（今新疆吐鲁番西雅尔郭勒）设安西都护府，统辖安西四镇，用以针对西突厥。

贞观二十二年（公元648年），安西都护郭孝恪击败龟兹国，把安西都护府迁至龟兹（今新疆库车县）。

唐高宗显庆三年，安西都护府升格为大都护府，下辖蒙池、昆陵两个都护府，并将其附属小国分别设置州府，管辖范围西抵波斯。

此后，新崛起的吐蕃和唐朝反复争夺安西四镇。吐蕃军队曾一度攻陷安西都护府，唐朝也曾两次放弃安西四镇，但最终在名将王孝杰的努力下稳定了局势。

但是，天宝十四年（公元755年），安史之乱爆发。

安禄山、史思明率领东北边疆叛军长驱南下，攻陷东、西两京。唐玄宗仓皇逃出长安，南下四川盆地。玄宗的儿子李亨在灵武继位，是为唐肃宗，不断调集西北边军勤王平叛。

安西兵长年与周边的异族势力争夺控制权，凶猛彪悍，骁勇善战，被大批内调。

安西兵的内调对平定安史之乱起了重要的作用，却大大削弱了唐朝在西域的势力。

吐蕃乘机大举进攻河西，到唐代宗广德元年（公元 763 年）时，尽陷兰、廓、河、都、洮、岷、秦、成、渭等州，占领了河西、陇右的大部分地区。

在平定安史之乱中，世人皆知郭子仪、李光弼居功至伟。

但铁勒族仆固部的仆固怀恩也功不可没。

仆固怀恩为人忠勇，在安禄山叛乱之初，他就立刻赶赴灵武肃宗帐前讨贼护国，每战必跃马争先，尽力死战。

非但仆固怀恩本人对唐朝忠心耿耿，其一家上下，莫不如此。

安史之乱结束，仆固一家为国捐躯六十四人，满门忠烈。

仆固怀恩因此升尚书左仆射兼中书令、河北副元帅、朔方节度使、加太子少师衔，实封一千一百户，赐爵大宁郡王。

不过，受安禄山、史思明的影响，李唐王室不再信任武将，朝内宦官擅权、朋党争斗，仆固怀恩因得罪了宦官被诬告，遭受猜疑，被逼起兵对抗朝廷。

广德二年（公元 764 年）八月，仆固怀恩引回鹘、吐蕃十万兵将直逼长安。

关键时刻，河西节度使杨志烈采用围魏救赵之策，从敦煌、肃州、甘州、凉州调集五千精兵攻打仆固怀恩的驻地灵武，迫使仆固怀恩撤军回救。

结果，长安虽然得救，然这五千精兵苦战数日，全军覆灭。

吐蕃又抓准了时机，重兵进攻河西。

杨志烈无力抵挡，弃守凉州，退避甘州，不久被叛军杀害。

由于杨志烈主管地区包括河西、北庭与安西，他突然遇难，西北犹如擎天柱崩。

郭子仪入请遣使巡抚河西及置凉、甘、肃、瓜、沙等州长史。

在此背景下，郭子仪的侄子郭昕作为朝廷的西巡使臣派到了安西。

郭昕的身份是西巡使臣，责任是巡视边关，安抚将士。但是，吐蕃的大举入侵把他隔绝在了安西。永泰二年（公元766年），吐蕃相继攻陷甘州、肃州，接替杨志烈出任河西节度使兼河已西副元帅的堂弟杨休明战死，河西唐军主力被歼灭，西陲飞地与唐廷直辖本土之间的交通和联系完全被切断。

吐蕃移师东向，不断向唐廷发动政治攻势，以和议为诱饵，要求唐廷重新划分边界，不战而取西陲诸飞地。

安西经过两次分兵，四镇仅余万余兵马，与强大的吐蕃大军相抗衡，可谓步履维艰，险象环生。

大历七年（公元772年），唐代宗密遣使臣终于抵达安西，和李元忠、郭昕接上了头，封李元忠为北庭都护、郭昕为安西都护，并慰问了西陲将士。将士们抗蕃守土的决心大增。

建中四年（公元783年），唐朝将领朱泚发动兵变，唐德宗出奔奉天，长安陷落。

吐蕃借机提出以泾、灵等四州以及安西、北庭作为交换条件，派遣援兵助德宗收复长安。

德宗应允了吐蕃的条件，与吐蕃签署了誓约，并且准备派遣沈房、韩朝彩等人前往西域办理交割事宜。

不过，吐蕃人所云出兵相助不过是一场阴谋，其在战争中观望不进，反而又乘乱劫掠武功。

兴元元年（公元784年）四月，唐德宗以吐蕃没有履约为由，拒绝将四镇北庭交给吐蕃，遣太常少卿兼御史中丞沈房为安西、北庭宣慰使，赴安西册封郭昕为四镇节度使。

其实就历代王朝而言，经营西域不外乎内外两方面的原因。就内部来说，控制了西域既可张扬国威，又保证了丝绸之路贸易的繁荣；就对外来说，控制了西域就可以牵制和削弱北方游牧民族的势力，并进而保障河西、陇右的安全，防止南、北两个方向游牧民族势力的汇合。吐蕃攻陷关陇之后，已深入唐朝心腹地区，西域地区也就失去了它原有的战略意义，西域的存亡对整个唐朝边防来说已经没有多少实际的意义，所以西域虽有"奉国之诚"，朝廷却因"事势不及相恤"，不得不采取了任其自生自灭的态度。

贞元二年（公元 786 年）六月，吐蕃又攻陷泾、陇、邠、宁四州。

同年年底，吐蕃赞普亲临一线指挥，攻陷了西部重镇、战略通道沙州城。

贞元三年（公元 787 年），吐蕃遣使约盟，在平凉埋下伏兵，劫杀唐朝参加谈判的官员十余人。

贞元五年（公元 789 年）吐蕃围攻北庭，于次年攻陷庭州。

至此，安西成为大唐最后的飞地。

无兵源、粮饷补充，四镇节度使郭昕还在坚持。

从贞元六年（公元 790 年）到元和三年（公元 808 年）近二十年的时间里，郭昕全力抗蕃，苦苦支撑。

不过，郭昕艰苦卓绝的坚守并没能迎来最终的胜利，相反，坏消息一个又一个接踵而来。

贞元十七（公元 801 年）七月，吐蕃陷麟州，刺史郭鋒战死。

郭鋒是汾阳王郭子仪之孙，郭曜之子，郭昕之侄，贞元中以鸿胪卿调任麟州刺史，殉难于乱军之中。

贞元十九年（公元 803 年），大漠重镇、战略要地西州（今吐鲁番）陷落。

元和三年（公元 808 年）冬，已是古稀之年的郭昕率领数千和他一样自广德初年甚至更早就守卫在安西近半个世纪的残兵与弃猎松赞亲率的十万虎狼之师展开生死决战。

战斗的结果毫无悬念，安西唐兵全部战死，武威郡王郭昕壮烈捐躯。

孤悬大漠西部四十二年的安西宣告陷落。

弃猎松赞在打扫战场时，惊呆了，所有洒血沙场的唐朝士兵，尽皆斑斑白头！

第七章　盛世转衰

 唐宣宗文治武功直追唐太宗

在很多人的脑海里，东汉和明朝是宦官弄权比较严重的朝代。

毕竟，"十常侍"、刘瑾、魏忠贤这些人太有名了。

当然，在这两个朝代里，杰出的宦官也有，比如蔡伦，比如郑和。

但总体来说，宦官的负面影响巨大。

事实上，这两个朝代的宦官虽然厉害，却也无法跟唐朝相比。

唐朝的宦官厉害到什么程度呢？他们可以定取天子的废立！

究其原因，是他们手中有兵权，掌管着朝廷的禁军。

唐朝前期藩镇权力太多，中央权力弱化，不期然爆发了安史之乱，煊赫一时的大唐王朝差点全面崩盘。

幸好，郭子仪、李光弼等一批死忠敢战之士力撑乾坤、再挽狂澜，大唐重兴。

唐德宗却因此得了个后遗症，对在外将领都不放心，把禁军的兵权都交给了宫中的宦官，让宦官担任着禁军指挥使的职位。

唐德宗认为，宦官不过是皇家里面的"家奴"，龙池里的小泥鳅，不可能掀起大风浪！

然而，他万万没有想到的是，他的儿孙后来都被宦官整得很惨。

从唐穆宗起，包括穆宗、文宗、武宗、宣宗、懿宗、僖宗、昭宗一共七个皇帝都是宦官所立，只有敬宗是穆宗册立的。而这七个皇帝里面，有三个是被宦官迫害致死的。

一句话，宦官弄权，完全达到了"弑君、立君、废君，形同儿戏"的程度。

当然，宦官能这样做，并不仅仅是掌握兵权的原因，他们在立君的时候，主要依照了两条原则：一、立年幼尚未具备自理能力的；二、立看起来痴呆缺乏自理能力的。

这两条，又以第二条最佳。

第一条，年幼未具备自理能力，等年纪大了，就会对宦官产生威胁了。所以，宦官一旦依照这条"立君"，过不了多少年，就得费周折进行"废君"，甚至"弑君"，很麻烦。

第二条，基本是一劳永逸，宦官可以与"痴呆皇帝"一起相伴白头到老。

唐宣宗就是宦官依照第二条原则拥戴上帝位的。

唐宣宗原名叫李怡，母亲郑氏本来是镇海节度使李锜的侍妾。李锜谋反失败，李锜的家人被杀的杀、流放的流放，女眷则入宫为奴。郑氏入宫后，充当郭贵妃的侍女，有幸得到唐宪宗临幸，生下李怡。

李怡生母的地位是如此卑微，他又只是唐宪宗的第十三个儿子，按照继位的顺序，他是无缘帝位的，也不可能对其他皇子构成威胁。

此外，最要命的是，李怡似乎先天呆头呆脑。《新唐书》说"宫中或以为不慧"，《资治通鉴》则说"宫中皆以为不慧"。

李怡也因此成了其他皇子嘲笑和捉弄的对象。

即使到了成年，李怡被册封为光王，其他皇子仍是喜欢把他当傻子取乐。

《旧唐书》记："文宗、武宗幸十六宅（李唐宗室亲王的聚居地）宴集，强诱其言，以为戏剧，谓之'光叔'。武宗气豪，尤不为礼。"

"武宗气豪，尤不为礼"，这"不为礼"到了什么程度呢？

韦昭度的《续皇王宝运录》和令狐澄的《贞陵遗事》记，不知出于什么心态，唐武宗多次搞恶作剧，想把这个"光叔"整死，以至出现了李怡"常从驾回，而误坠马，人不之觉"的奇怪事情。不过，尽管李怡多次"坠马"，且"人不之觉"，甚至有一次是在大雪天夜里"坠马"在荒野郊外，昏倒沉睡了一个晚上，最终还是活了过来。唐武宗后来干脆让中常侍四人将李怡抓来，浸在大明宫厕所里。有个叫仇公武的宦官觉得李怡这个傻子是奇货可居，留了个心眼，偷偷把他捞了出来，用粪土覆盖，偷运出宫。李怡从此离开长安，流落民间……后在浙江盐官（今浙江海宁西南）的安国寺落发为僧，法名琼俊。后世大文豪、著名的佛教居士苏轼有感于李怡这段传奇人生，还作了首诗：

已将世界等微尘，空里浮花梦里身。

岂为龙颜更分别，只应天眼识天人。

会昌六年春，唐武宗病危，不希望大权旁落的宦官仇公武、马元贽等人把"痴呆和尚"李怡迎回了长安，积极运作，帮他改名为李忱，使之成了唐朝的第十八位天子。

我们有理由相信，当李忱登上帝位那一刻，宦官仇公武、马元贽等人的内心笑开了花。

但是，很快，他们就笑不出来了。

一夜之间，李忱像变了个人：神色威严，从容自信，言谈举止沉着有力，决断政务有条不紊，毫无半点痴呆的影子！

仇公武、马元贽既震惊又困惑，原来，这才是李忱的本来面目！原来，这三十六年来他一直在装疯卖傻！

的确，李忱明白宫廷是政治斗争的漩涡，从很小的年纪开始，就深藏不露，韬光养晦。终于，一朝得志，立刻爆发出巨大的能量。

李忱不但一举消灭了为患帝国长达半个世纪的"牛李党争"，而且极大地遏制了一贯嚣张跋扈的藩镇势力和宦官势力。

李忱还整顿了政治，关注民生，恭谨节俭，惠爱民物，使国势振兴、百姓富裕。

对外关系上，唐军再次雄起，击败吐蕃、安定塞北、平定安南，甚至还把沦陷于吐蕃人手里将近百年的河湟失地全境收复！

河湟失地长期沦陷，曾使许多爱国志士涕泪横流、悲愤无限。

杜牧在《河湟》中说"旋见衣冠就东市，忽遗弓剑不西巡"，白居易在《西凉伎》说"凉州陷来四十年，河陇侵将七千里"，张乔在《河湟旧卒》说"少年随将讨河湟，头白时清返故乡。十万汉军零落尽，独吹边曲向残阳"。

河湟收复，人心大振，海内欣然望服，本已衰败的大唐朝政呈现出"中兴"局面。

史家对李忱评价极高，将他比作唐太宗和汉文帝一样的明君，把这一时期称为"大中之治"。

事实上，李忱一直把先祖唐太宗当作偶像，努力仿效，以"至乱未尝不任不肖，至治未尝不任忠贤"为座右铭。他让人把《贞观政要》写在屏风上，只要有空，就站在屏风前阅读。他还叫翰林学士令狐绚每天朗读《金镜》给他听，凡是听到重要的地方，都会让令狐绚停下来，说"若欲天下太平，当以此言为首要"。更值得称道之处是，他处理天下事务，明察果断，用法无私，从谏如流，重惜官赏。百姓因此称他为"小太宗"，大中时代也被誉为"小贞观"。《旧唐书》就称："当时以大中之政有贞观之风焉。"

李忱的死亡方式也和唐太宗一样：追求长生不老，误服妖人所献的仙丹（长年药）中毒离世。

李忱享年五十岁，在位十三年，谥号圣武献文孝皇帝，庙号宣宗，葬于贞陵。

他以唐太宗为偶像，锐意中兴，终被宦官驯服

中国古代历朝历代，就数汉、唐最为辉煌。

这两个朝代很有共同点，开国初年，国力强盛，气魄雄大，而当由盛转衰，却衰落得有气无力，受尽宦官阉人的愚弄摆布，在病榻上残喘苟且、奄奄一息，居然延宕上许多年。

史家公认，史上宦官为祸最烈者，就数汉、唐两朝，其中唐朝尤甚。

唐朝的宦官，辱君、废君、黜君、弑君，无法无天。国家废立大事，在他们手中就跟小孩子玩过家家一样简单、随意。

每读史至此，我们总会想起君临四海、俯仰八荒的千古一帝——"天可汗"唐太宗李世民，恨他的后世子孙，没一个扶得上墙。

但话说回来，他的子孙是否个个都是可怜虫呢？

还有，这些子孙难道就都没心没肺，从没想过振兴祖业？

不是的。

主要是制度使然。

唐自安史之乱以后，皇权衰落，藩镇和宦官势力空前膨胀，枝强干弱，实在是无力回天。

话说，李世民的子孙之一唐敬宗李湛是个败家子、二世祖，十六岁即位后，奢侈荒淫，沉迷击鞠，整天和宦官刘克明等一帮人斗鸡逗狗，

史称"视朝月不再三，大臣罕得进见"。朝政为宦官王守澄等人把持，纲纪败坏，国将不国。

宦官刘克明其实是个假宦官，残忍杀死了只有十八岁的唐敬宗。

杀了人就要善后，刘克明伪造遗旨，准备迎取唐宪宗之子绛王李悟入宫为帝。

不要忘了，神策军大权还掌在大宦官头子王守澄的手里，拥立大功，岂能让刘克明占去？

王守澄挥军入宫，像捏死个蚂蚁一样捏死了刘克明和绛王李悟，改立唐敬宗的弟弟李昂为帝，改年号为"太和"。

年方十八岁的李昂，从此成了大唐王朝的第十四任皇帝（除武则天和唐殇帝外），即唐文宗。

唐文宗和唐敬宗仿佛不是一个爹生的。

唐敬宗喜欢吃喝玩乐，做事没半点正形。

唐文宗行有行相、坐有坐相，对自己要求非常严格。据史书记载，他做亲王时，为人恭俭儒雅，最喜欢看的书就是《贞观政要》，把老祖宗李世民当成了人生偶像，登基后，处处效仿，勤于政事，"锐意于治，每延英对宰臣，率漏下十一刻"。

曾辅佐唐宪宗成就元和中兴的老宰相裴度看了，激动得老泪纵横，逢人就说："天下有望太平了，天下有望太平了。"

但是，天下要得太平，唐文宗就必须解决搁在面前的两道难题：一是宦官专权，二是藩镇割据。

唐文宗先从身边做起，着手解决宦官专权问题。

唐文宗是由宦官王守澄拥立为帝的，他并不因此感激王守澄，保持着非常清醒的头脑，与宰相宋申锡暗中谋划收拾王守澄。

王守澄有所觉察，随便捏了个罪名，让宋申锡适时地停止了呼吸。

想和宦官斗，很危险。

唐文宗不怕险，吸取了教训，做得更隐秘。他从下层提拔了郑注、李训，分任御史大夫和宰相，将他们培养成心腹，听取他们的建议，利用宦官间的矛盾，任命王守澄部下仇士良为左神策中尉，掌管一部分禁卫军，一点点削弱王守澄的军权。

这次，计划执行得很好，很成功，最后，迫得手无寸柄的王守澄饮毒酒自尽。

但不用高兴得太早，王守澄是被除掉了，但这不又"培养"出了一个新的宦官巨头仇士良了吗？

按照计划，下一步是在下葬王守澄时，埋伏好军队，把前来送葬的仇士良一伙一股脑诛杀干净。

但是，京城的神策军只听仇士良的，皇帝调不动，怎么办？

郑注当时任凤翔节度使，唐文宗让他回凤翔搬兵。

郑注去了，李训的心里不平静了。

李训认为，一旦在王守澄葬礼上伏杀仇士良成功，郑注的功劳就比自己大得多了，以后在朝廷基本没自己什么事了。

李训决定自己干，先伏杀仇士良，再驱逐郑注。

可是，李训有兵吗？

李训认为有，他勾结了金吾大将军韩约，网罗了数百名可以效命的卫士。

为此，李训向唐文宗进献了另外一计，得到了唐文宗的认可。

大和九年（公元835年）十一月二十一日，唐文宗在紫宸殿上早朝。

金吾大将军韩约兴冲冲地奏报："左金吾听事后石榴夜有甘露，臣递门奏讫。"

韩约奏报完毕，蹈舞再拜。

李训率百官称贺，建议说："天降祥瑞，又近在宫禁，皇帝宜亲往一看。"

唐文宗于是移步至含元殿，命宰相和中书、门下省官先往观看，一验真伪。

不一会，官员们回报："臣等与众人验之，殆非真甘露，未可遽宣布，恐天下称贺。"

唐文宗怃然作色，说："岂有是邪！"命宦官神策军左右护军中尉仇士良、鱼志弘等带领宦官再去察看。

仇士良等至左金吾仗院时，见韩约面色有异，又发现幕后埋伏了武装士兵，登时如梦初醒，大呼中计，急急退出。

唐文宗和李训以为仇士良此乃是有去无回，正暗自欣喜，哪知仇士良突然挥神策军杀回。唐文宗知计划落空，赶紧呼金吾卫士上殿保驾。但是来不及了，仇士良指挥神策军打翻了李训，抬着唐文宗进入宣政门，将门关闭，然后大开杀戒，杀死了六七百人。李训、韩约等全被捕杀。

郑注从凤翔率亲兵五百人赴长安，中途被监军杀死。

是为"甘露之变"。

经过这次大屠杀，朝堂几乎为之一空。

唐文宗遭到宦官软禁，朝政完全由宦官控制，史书称宦官"迫胁天子，下视宰相，陵暴朝士如草芥"。

唐文宗对此一筹莫展，只能借酒消愁，意志消沉。

某日，唐文宗在一次延英召对的间隙，退坐思政殿，有感于怀，悄悄地问当值学士周墀："你来说说，朕可与前代哪个君主相比？"周墀只拣好听的说："陛下尧、舜之主也。"唐文宗干涩地笑了一声，说："朕岂敢比尧、舜！所以问卿者，是想知道和周赧王、汉献帝相比如何？"周墀吓了一跳，赶紧跪奏说："彼亡国之主，岂可比圣德！"唐文宗幽幽地说："人贵有自知之明，周赧王、汉献帝不过是受制于强臣，如今朕受制家奴，自不及远矣！"一句话说完，泣下沾襟。周墀也伏地流涕。也从此日起，唐文宗不复视朝了。

开成四年（公元 839 年），唐文宗抑郁成病，立兄长敬宗的幼子陈王李成美为太子。

仇士良、鱼弘志口中冷笑，伪造遗诏，废太子为陈王，另立颍王李炎为皇太弟，带李炎登上朝堂接见百官。

唐文宗无可奈何，唯报以一声长叹。

开成五年（公元 840 年）正月初四，唐文宗病死于长安宫中的太和殿，享年三十二岁。

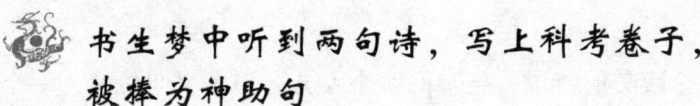

书生梦中听到两句诗，写上科考卷子，被捧为神助句

中国古代正式开科取士始于隋朝，而将科举制度化的是唐朝。

根据《文献通考》《册府元龟》等书的记载，自唐朝开国之年（即武德元年，公元 618 年）始，法定年年开考。而纵观唐朝二百八十九年的历史，记录在案的科举考试共二百六十六次。

唐代的科举处于早期探索阶段，考试的科目繁多，其中的秀才、明经、进士、明法、明字、明算等科为常设科目，故又称常科。

唐代书生要考状元，不像宋、明、清诸朝那样，先经县、州、府筛选，再经各省筛选，最后才参加国家级考试。唐代一般由地方长官进行访查考核，将所在地品德、文学都好的士子上报到州，由本州长官提名推荐到中央，合格者称为"乡贡进士"，可直接参加"省试"（名义上由尚书省主持的全国性考试，又称为"礼部试"，相当于后来的"会试"），录取人选与各人的名次全由主试官一人确定。

这主试官通常得由文学和品德都富于名望的大官来担任，是临时性的，称为"知贡举"。

省试的考试项目，主要是诗赋。一篇律赋，一首律诗。赋用八韵，诗限作五言六韵。题目或用古事，或用时事，或用三字四字成语，或用一句五言古诗。应试者可任意取题目中一字为韵，也有由试官指定题目中某一字为韵的，一般都用平声韵。

唐代科举考试如此重视诗赋，一方面引发唐代文学兴盛，另一方面却促使士子忽略技艺之钻研，造成科技发展缓慢。而且，由诗赋挑选出来的士人，往往缺乏行政知识及经验，造成诗赋日工、吏治日坏的现象。

唐玄宗天宝十年（公元 751 年）"省试"的知贡举为李昕，出的试题为《湘灵鼓瑟》，要求考生写作一首五言律诗。

诗题"湘灵鼓瑟"来自屈原《远游》篇中的："使湘灵鼓瑟兮，令海若舞冯夷"。

里面包含一个凄美的传说：尧帝的两个女儿，一个名叫娥皇，一个名叫女英，都嫁给舜帝做妃子。舜帝南巡，死于苍梧（今梧州），二妃不久也因哀伤而投湘水自尽，变成了湘水女神（即湘灵）。她们常常在月夜弹琴鼓瑟，用瑟音表达自己的哀思。

由于省试诗题目由试官指定，而非诗人自己兴发而作，作诗的目的就是博得试官中意，榜上题名，所以诗的思想内容受到了极大限制，难有佳作。

但是，这年却颇有令人耳目一新的作品出现。

陈季、王邕、庄若讷、魏璀等人的作品都堪称一流，其中又以陈季的作品最妙，其诗如下：

> 神女泛瑶瑟，古祠严野亭。
>
> 楚云来泱漭，湘水助清泠。
>
> 妙指微幽契，繁声入杳冥。
>
> 一弹新月白，数曲暮山青。
>
> 调苦荆人怨，时遥帝子灵。
>
> 遗音如可赏，试奏为君听。

"一弹新月白，数曲暮山青"，可称佳句。

李昕迅速将这些作品列入及第卷中，并将陈季列在前面。

但是，另一首作品的出现，又把陈季压在了下面。

该首作品是这样写的：

善鼓云和瑟，常闻帝子灵。

冯夷空自舞，楚客不堪听。

苦调凄金石，清音入杳冥。

苍梧来怨慕，白芷动芳馨。

流水传湘浦，悲风过洞庭。

曲终人不见，江上数峰青！

李昉一下子就被诗中所描绘的优美意境给征服了。

诗的意境是这样的：常常听说湘水之神善于弹奏云瑟，引得黄河水神冯夷翩翩起舞，楚地人民都不忍聆听这种哀音。曲调太悲太苦，能使坚硬的金石感到凄楚，并透过穷高极远的苍穹传到苍梧之野，感动了寄身山间的舜帝之灵，从而使山上的白芷吐出芬芳，与瑟声交相应和。瑟声随着流水和悲风，传过湘江，吹过洞庭湖，等到曲终声寂，看不见鼓瑟的人，只看见湘水上的数座青山。

李昉读到最末一句"曲终人不见，江上数峰青"，忍不住惊呼道："像这样高妙空灵的结句，必有神助方能写得出来啊！"

当时的科举考卷并不糊名密封，李昉看了考生的名字——钱起，牢牢记在心中，将之置于高第。

钱起登第后，被授予校书郎一职，得到了大诗人王维的欣赏及大力提携。

李昉称"曲终人不见，江上数峰青"一句如有"神助"。

实际上，钱起也坦承，自己早年离家乡吴兴（今浙江湖州）出游，曾旅居京口（今江苏镇江）一客店，夜半入梦，隐约听见有人在窗外吟诗，吟来吟去都是这么两句："曲终人不见，江上数峰青。"梦醒惊起，到屋外张望，月明风清，悄无一人。这次考试，写最后两句，苦无佳句，忽然忆起夜宿京口之夜，福至心灵，就把梦中听到的那两句写上了卷子。

王维称赞钱起的诗有"高格"，王维死后，钱起便当仁不让地执掌了诗坛牛耳。

高仲武于大历末年编《中兴间气集》，卷上第一人即为钱起。

高仲武说："右丞（即王维）没后，员外（钱起官为考功员外郎，故称之为员外）为雄。芟齐宋之浮游，削梁陈之靡嫚。迥然独立，莫之与群。"

《中兴间气集》卷下第一人是郎士元，时人将其和钱起并列为中唐诗坛二领袖，称"钱郎"，时有"前有沈宋（即沈佺期和宋之问），后有钱郎"之誉。

另外，人们也喜欢把卢纶、吉中孚、韩翃、耿沛、司空曙、苗发、崔峒、夏侯审、李端等九人和钱起合称大历十才子，其中，钱起为"大历十才子之冠"。

《推背图》推测的唐朝大祸真相如何，其实才刚刚开始

中国最有名的预言家李淳风和袁天罡在贞观年间著《推背图》，里面有"荡荡中原，莫御八牛，泗水不涤，有血无头"的谶语，声称这是一场大祸患，大唐会衰亡在这场灾难上。

"八牛"是指什么呢？

唐宪宗元和三年（公元808年）的一次科考中，一个姓牛的人露出了头来。

话说，在东汉魏晋时期，政府实行九品中正制，上品人士自称为"清流"，则下品的人士就是与之相对的"浊流"了。出身于上品社会的人，都含着金钥匙，从呱呱坠地那一刻起，就有了做官的资格；而出身于下品的人，再努力往上也是白搭。一句话，"上品无寒门，下品无世

族"。

隋唐实行的是科举制度，但同时也实行门阀制度。

唐宪宗元和三年（公元 808 年）是大考之年。

在这次考试中，政府以"贤良方正、能言极谏科"进行选拔。举子牛僧孺、皇甫湜、李宗闵三人在科考对策中针砭时弊，大谈特谈官场上的各种贪污腐败行为，被主考官评为上等，拟报朝廷优先录用。

可是，出身士族的宰相李吉甫看了这些文章后，非常不爽。他本来就瞧不起科举出身的官员，现在李宗闵、牛僧孺这些人竟敢在这么严肃的考试中大放厥词，必须把他们统统赶走，越远越好。于是就指控牛僧孺、皇甫湜、李宗闵等人跟主考官在考场上有舞弊行为。

唐宪宗相信了他的话，牛僧孺等人果然被逐出了朝廷。

到了唐穆宗长庆元年（公元 821 年），这一年的科考轮到了牛党人物主持，一口气录取了多名牛党子弟，其中一个赫然就是李宗闵的亲戚！于是有人告发，这也是一桩考场舞弊案。牛党成员又一次遭到了重大的打击。

从此，李宗闵、牛僧孺就跟一些科举出身的官员结成一派，李德裕也跟士族出身的官员结成一派，两派开始了长达半个世纪的斗争，彼此之间党同伐异，互相攻讦，互相打压，是为"牛李党争"。

关于这场党争，史学界至今还在争论不休。比较一致的看法是：这是一场门阀士族集团与庶族地主集团的派系之争，以李德裕为首的李党出自士族，饱读经学，重礼法；以牛僧孺、李宗闵二人为首的牛党大多出身低微，一门心思要摆脱传统礼法制约，这两个党系的斗争是国家上层阶级的内部冲突，它造成的恶果是使国家上层机构陷入了混乱和分裂，加深了唐王朝的政治危机。

有人甚至断言，"牛李党争"就应了贞观年间李淳风和袁天罡所著《推背图》里"荡荡中原，莫御八牛，泗水不涤，有血无头"的谶语，大唐会衰亡在这场党争上。

早在武则天时代，民间也流传有"首尾三鳞六十年，两角犊子自狂癫，龙蛇相斗血成川"之句，牛李党争最高潮的时候，李党成员一口咬定"两角犊子自狂癫"是指姓牛人乱世。

可是，当人们以为"莫御八牛"的灾难已经过去时，在唐昭宗朝，却出现了朱温篡唐事件。

这时，人们才恍然大悟，"两角犊子自狂癫"原来指的是姓朱之人。荡荡中原，谁也驾驭不了的"八牛"不是"牛李党争"的"牛"，而是"牛"字下面加个"八"，即"朱"字；"有血无头"是个"皿"字，"泗水不涤"中的"泗"字在上面，正是个繁体字的"温"字，是朱温灭了大唐啊。

看唐懿宗对女儿的溺爱，有人断定唐朝崩溃在即

唐懿宗李漼共生有八子八女，不知什么原因，独独偏爱长女同昌公主。

这种偏爱，已经达到了一种极度偏执、极度疯狂的程度了。

李漼对同昌公主的爱，用一句套话来形容，那就是"含在嘴里怕化了，捧在手里怕掉了"，简直恨不得把天上的月亮摘下来给公主做玩具。

这种溺爱的境界，超出了许多人的想象。

史书上说，同昌公主出嫁的时候，李漼"倾宫中珍玩以为赠送之"，把宫中所有的奇珍异宝都挑选出来打包做了嫁妆。

都有些什么样的奇珍异宝呢？《旧唐书》上说，有金麦银米数斛、辟寒香、辟邪香、瑞麟香、金凤香、龙脑香、辟尘犀、鹧鸪枕、翡翠匣、神丝绣被、瑟瑟幕、纹布巾、澄水帛、火蚕绵、连珠帐、九玉钗、如意玉等，据说都是唐太宗贞观年间来自异域的贡品。

关于这些宝贝的神奇之处，史书上没说，唐人苏鹗的《杜阳杂编》里对此却有详细的解释，我们不妨对比着看一看，满足一下咱们这些凡

夫俗子的好奇心。

瑟瑟幕："其幕色如瑟瑟，阔三尺，长一百尺，轻明虚薄，无以为比。向空张之，则疏朗之纹，如碧丝之贯其珠。虽大雨暴降，不能沾湿，云以蛟人瑞香膏所傅故也。"一整块幕布长一百尺，却轻若无物，真空透视，只有在阳光下，才隐约可见其绿色纹路。坐在帘幕里，风雨不侵，是透明、防雨、超级豪华的古代油布。

纹布绵："洁白如雪，光软绝伦，拭水不濡，用之弥年，亦未尝垢。"这块奇妙的丝巾洁白有弹性，经久耐用，用水轻轻一漂，不留污渍不留皱痕，还不伤手。

火蚕棉："絮衣一袭，止用一两，稍过度，则熇蒸之气不可奈。"用它做衣服，防寒，保暖；如果该用一两的料，就不能用一两二钱，否则，这衣服穿在身上就好像身处洪炉，纵数九寒冬，也酷热难当。

澄水帛："帛长八九尺，似布而细，明薄可鉴。云其中有龙涎，故能消暑也"，"暑气将甚，公主命取澄水帛以蘸之，挂于南轩，满座皆思挟纩。"该帛似布非布，薄如蝉翼，色亮透明，夏日炎炎的时候将它淋上水挂起，满座皆觉凉爽，暑气全消。

……

珍宝有时候不比现钱花起来方便，送足了各种各样形形色色的宝贝后，李漼还给女儿追加了五百万缗现钱的彩礼——这五百万缗是个什么概念呢？缗，作为货币单位，同贯，一缗钱即为一贯钱，即一千文，五百万缗在当时已经达到了全国一年的总赋税了！

同昌公主出嫁那天，送陪嫁的宫使队伍从皇宫一直排到京师的广化里——李漼特意为女儿量身定做的超豪华爱巢、驸马府就建在广化里。

驸马府由全国一流的设计师和建筑师精心打造，门窗都用杂宝装饰，井栏、药臼、槽柜等用金银制作，就连笊篱、箕筐都是用金缕编织而成；床用水晶、玳瑁、琉璃等制作，床腿的支架雕饰也是金龟银鹿。

即便如此，李漼还时时念叨着女儿的吃穿花用不能像在皇宫里一样，

第七章　盛世转衰

往后的日子里，忍不住隔三岔五派人往驸马府里给女儿送各种珍馐玉馔。

有一道叫"灵消炙"的菜，原料是从羊肉中精挑细选出来的，"一羊之肉，取四两"，要做一盘这样的菜，大概得宰杀上十头羊，做成以后可以保鲜很久，"虽经暑毒，终不臭败"。

还有一道菜叫作"红虬脯"，不知道是什么材料做成的，"其诸品味，他人莫能识"。做好以后往盘子里一放，"缕健如红丝"，肉丝盘旋环绕，一缕缕向上延伸，高逾一尺，拿筷子轻轻一按，就缩短三四分，筷子移开，立刻就恢复原状。

……

只可惜，公主是福薄之人，无缘消受这种富贵，婚后一年就死掉了。

听到这个噩耗，李漼登时摧肝裂肺，号啕大哭，连哭了三天三夜。

《旧唐书》记"雷霆一怒，朝野震惊，囚九族于狴牢"，"枝蔓尽捕三百余人，狴牢皆满"。

李漼大怒，御医们连同他们的家族三百多人被丢入大牢治罪，弄得大牢里人满为患，拥挤不堪。

李漼最丧心病狂的事儿还远不止于此，他还毫无人性地下令：陪嫁的宫女丫鬟必须全部当作殉葬品陪同公主下葬。

另外，公主的棺椁非常庞大，大得让人瞠目结舌。

单是抬这个大棺材的人数，说出来准吓你一跳。

实际上，这抬棺的人数，写史书的人也没数得过来，只笼统地说，"赐酒百斛，饼四十橐驼，以饲体夫"。单是提供给抬棺的人路上吃的伙食和点心，就得有一百斛酒和由四十头骆驼驮运的米饼，到底有多少人，自己想去吧。

举行丧礼那一天，李漼婆娑着老泪为爱女写了挽歌，并严令朝臣无一例外都要作诗赋吊唁。

文武百官诚惶诚恐，一个都不少，全来了，当然，都没空着手，带来了各色金银器物和沉痛的吊辞。

陪葬的宝物以及仪仗一字排开，咸通九年（公元868年）刻印的《金刚经》卷子，以及金骆驼、凤凰、麒麟，还有木料雕刻的殿堂，陶俑做的龙凤花木、人畜珍兽，等等，"凡服玩，每物皆百二十舆，以锦绣、珠玉为仪卫、明器、辉焕三十余里。"浩浩荡荡，排了三十多里路长。

有人因此凑趣谱写了一首哀挽公主的《叹百年舞曲》，据说词曲凄恻，听者流泪，闻者伤心。唱的时候，有几百名拖着白色长裙的舞女在后面伴舞，感动得李漼老泪纵横、泣不成声，大慰之下，命人搬出了大批大批的珍珠玛瑙、翡翠宝石赏给舞女做首饰，还在现场铺了八百多匹绸缎作为地毯，曲终人散后，"珠玑覆地"，地上散落了无数熠熠生辉的珍宝。事后，李漼又将词曲作者封为威卫将军，赏赐了他两个装满了珍珠宝石的银樽。

公主下葬后，陪葬的无数珍宝就被一把火全烧了。这样一来，引得京城百姓连续一个多月在公主的坟上来回游荡，"争取灰以择珍宝"，扒灰寻宝。

唐代射雕英雄，因饥饿争食人肉而丧生

高骈，字千里，幽州（今北京一带）人，将门出身，是唐末极富传奇色彩的人物。

其祖父高崇文是唐宪宗朝时名将，以战功封渤海郡王、南平郡王；父亲高承简封密国公，其世代为禁军将领。

少年高骈在朱叔明手下任侍御时，英气勃发，雄心万丈。

某日在行军途中，听见半空有大雕嘶叫，抬头看去，有雌雄双雕翻腾扑跃，翼掠长空，高骈对身边的人说："我若命当富贵，则一箭贯穿双雕！"说完，搭箭扣弦，等待时机。不一会儿，双雕身形稍一相叠，说时迟，那时快，高骈释弦箭发，疾如电光石火，羽箭所至，双雕落下，众

皆大惊,欢声震天,唤之"落雕侍御"。

在日后的戎马生涯中,高骈曾率禁兵万人戍长武城(今陕西长武西北),屡破党项部落,功冠诸军;后升迁为秦州刺史兼经略使,负责防御吐蕃;不久,改任安南都护、本管经略招讨使,在海门(今广西合浦)治兵,败南诏,克交趾,招怀溪,收交州,定安南。南征北战,辗转千里,屡建奇功,连任了好几个军镇的节度使,并加授司徒、诸道兵马都统、盐铁转运使等显官要职,官至同中书门下平章事,集军、政、财大权于一身,"位冠侯藩之右,名兼卿相之崇"。

除了击剑任侠、箭术高超和熟谙兵法外,高骈还是个诗人,在唐代这个群星璀璨的诗坛中稳稳占有一席之位,《唐诗纪事》称他的诗"雅有奇藻"。

位兼将相后的高骈曾不无得意地写了一首《言怀》,诗中有"三边犹未静,何敢便休官"之句。

在名将与诗人的双重角色中,高骈的诗人气质似乎更浓厚一些。戎马倥偬之余,不免经常与诸幕僚诗酒唱和,放浪形骸。

就因为高骈文才武功名播天下,所以,身边吸引了一大批一大批的贤才能士。

其中最负盛名的是崔致远。

崔致远是来大唐进修的新罗(今韩国)留学生,也是高骈最忠诚的"粉丝",怀着对高骈的无限崇拜之情,成了高骈身边"研墨洗笔"的小书童。他在高骈的手下混了十几年后,自认学有所成,于是回国,把在唐生活写就的诗文整理成二十卷,名为《桂苑笔耕集》。新罗人读了,举国若狂,视作宝典经书。

唐末乱世,爆发了黄巢起义。

朝廷一度把高骈倚若长城,先后任命他为镇海军节度使、荆南节度使兼盐铁转运使、淮南节度使兼盐铁转运使,又兼任同中书门下平章事的头衔,位兼将相,希望他能力挽狂澜,扭转乾坤。

可是高骈看到黄巢势力发展迅速，自度力不能制，便坐守扬州（今属江苏），保存实力。等到黄巢北渡江、淮，直捣长安时，高骈认为唐政府会很快垮台，便对政府的连番呼救置之不理，一心一意想兼并两浙，扩充自己的地盘，为以后与黄巢争天下夯实基础。

可是，高骈万万没想到的是，大唐苦熬了几年后，竟然收复了长安，平定了黄巢。

高骈已与朝廷撕破了脸皮，又不敢背着叛逆之名造反，万事心灰意冷，就开始放纵起来。

高骈自认年岁已高，这辈子最大的事业也不过如此，只求延年益寿，多活几年，于是宠信起妖道吕用之、张守一等人来。

吕用之、张守一这些人行走江湖，混吃混喝，看高骈年老昏聩，有利可图，就乘兴而起，托言神仙鬼怪对高骈连吓带哄，把高骈收拾得服服帖帖。

吕用之将一柄铜匕首用盒子包装好，进献给高骈，胡说这是北帝的佩剑，拥有了它，百里之内任何一种兵器都无法侵犯。本来这是很容易戳穿的一个谎言，随便找个人来试试就知真假，可高骈信以为真，在铜匕首上"饰以珠玉"，小心翼翼地将它当成神器膜拜起来。

吕用之还常常在高骈跟前煞有介事地作呼风唤雨状，对空作揖，就说是神仙乘云经过，这时候，高骈就吓得赶紧下跪伏拜。

吕用之还哄高骈说："神仙不难致，但恨学道者不能绝俗累，故不肯降临耳！"

高骈深信不疑，将之奉为玉旨纶音，主动和自己的姬妾分居，禁欲；同时谢绝人事，所有的宾客、将吏统统不接待。

吕用之因此得以牢牢地掌握了淮南的话事权，独断专行，肆无忌惮，境内"公私大小之事皆决于吕用之"，高骈只是一个活死人，要办事，只有找吕用之。

成了淮南一把手的吕用之非常嚣张，为了向世人显摆自己的暴富，

"侍妾百余人，自奉奢靡，用度不足，辄留三司纲输其家"，同时，又大张旗鼓地招募死士，建立了一支属于自己的私家军，人数达到两万多，称"镆铘军"，"每出入，导从近千人"，欺行霸市，引得高骈旧班子里的成员怨气冲天，上下离心。

高骈的部属中，有一个名叫毕师铎的左厢都知兵马使，屯兵在高邮。毕师铎有一个小妾，艳名远播。吕用之色胆包天，竟趁毕师铎不在扬州，私闯毕宅，先奸为快。

由此，内乱爆发。

驻军高邮的毕师铎以诛杀吕用之为名率部杀回扬州。

没几下，扬州城破。

毕师铎入城后，纵兵大掠，并软禁了高骈。

仓皇出逃的吕用之径往庐州（今安徽合肥）刺史杨行密处搬兵报仇。

吕用之生怕杨行密不肯起兵，便声称自己住所的地下埋有白金五千，引诱杨行密说，"寇平之日，愿备将士娼楼一醉之资"。

于是，杨行密统军数万，和吕用之一起，沿江而上，在扬州城下分列八寨，团团包围，日夜攻打。

围困时间一久，"城中乏食，樵采路绝"，城内出现了以人肉为食的惨象。

毕师铎战事一吃紧，不从客观上找原因，反而疑神疑鬼起来，怀疑是已经修炼成"半人半仙"的高骈在禁区里用蛊术诅咒自己，同时又担心高骈的党羽在城里做杨行密的内应，于是，到处求神问卜。

经过高人指点，毕师铎找到了一个名叫王奉仙的神尼，便无限虔诚地跪倒，请神尼支招。

神尼经过一番花枝乱颤的跳大神后，煞有介事地说，经过夜观天象，得知扬州要有大灾大难，必须要有一个大人物死去，灾难才会平安化解。

大人物是谁呢？

毕师铎想来想去，认定了就是高骈。于是，带人拿家伙向囚禁高骈的道院杀去。

城内正在闹粮荒，被囚禁的高骈当然也好不到哪去。一家几十口集体被监押软禁，已经断炊好几日了，实在饿得不行了，就"燃木像、煮革带食之"，更有甚者，竟相互吃起人肉来。大家正争得不可开交，毕师铎"砰"的一声，踢飞了院门，带领来的乱兵一拥而入，如狼如虎，见物就踢，见人就砍。

高骈见势不妙，"嗷"地叫了一声，扭头想走，可是年迈体弱，又被饿得眼冒金星，哪里有力气走？刀光起处，惨呼一声，身首异处，多年修炼，就此"羽化登仙"。

草莽大英雄黄巢在山里找吃的时掉了脑袋

话说，黄巢在长安城经受不起李克用等人的轮番攻击，而且城中乏粮，只好撤出长安，经蓝田出商洛，扑向蔡州（今河南汝南）。

蔡州节度使秦宗权在收复长安过程中也出过一把力，可是被黄巢搂草打兔子地打了那么几下，就马上打回了原形，向黄巢称臣，成了黄巢的小弟。

治服了秦宗权，黄巢继续挥师向东进击陈州（今河南淮阳）。

陈州刺史赵犨却是晚唐年间的猛人，此人精通兵法，擅于弓马，早就预见黄巢会守不住长安，势必东走陈州，对手下将领说："巢不死长安，必东走，陈州乃其冲也。且巢素与忠武为仇，不可不为之备。"一直"整修城墙，疏浚沟洫，囤积粮草，缮治兵器"，同时加强军队训练，招募四方劲勇之士，做足了保卫陈州的功课。

黄巢的先头部队刚进入陈州境内，就遭到赵犨突如其来的袭击，不但主将孟楷被俘，他手下的上万齐军也被杀得损失殆尽。

最令黄巢气愤的是，赵犨为了展示自己与大齐势不两立的决心，竟然命人将孟楷杀死后枭首示众。

孟楷一直都是黄巢最疼爱的大将，赵犨此举彻底把黄巢激怒了，他将全军屯于溵水，"掘堑五重，百道攻之"，疯狂进攻陈州。

看着黄巢来势凶猛，陈州城内男女老少惊恐莫名。

为了稳定军心，赵犨慷慨陈词，发表了战前讲话。他说："忠武军以义勇著称，陈州兵以悍猛出名，我赵犨一家久食陈州的俸禄，如今献身捍卫陈州的时候到了，我誓与陈州共存亡。男儿当死里求生，况且以身殉国死，不比向贼寇屈膝偷生强吗？有异议者斩！"接着，带领精锐骑兵出击贼，"破之"，击败了黄巢的首次进攻。

这样一来，陈州城内军民的情绪渐渐安定了下来。

接下来的日子，由于赵犨的准备工作落实得非常细致和到位，他们不但化解了黄巢极其凶悍的进攻，而且还趁机反击，斩获不少。

黄巢从长安出来时，带了十五万军队，收编了秦宗权的军队后又凭空添了好几万人，再加上一路上前来投军混饭吃的流民，总兵力已达三十多万，连续打了半个多月，竟然打不下小小一个陈州城。

黄巢打得性起，发誓哪也不去了，就在陈州城下建起了自己的皇宫"八仙营"，设置了百官曹属，跟赵犨耗到底，不拿下陈州誓不罢休。

这一来，巨大的灾难开始以陈州为中心，向四周蔓延开来。

从长安到陈州，一直以来，军粮问题都是黄巢感到头痛的事。

连年的烽火使得百姓无法耕种，民间的粮食积储本来就极其贫瘠，赵犨又早早坚壁清野，把方圆六十里内的居民全部迁入了城中。黄巢在陈州城下这一定居，几十万军士的粮食问题立刻成了亟需解决的大问题。

但黄巢有他的办法解决这个问题。

黄巢的办法是——吃人。

这可真是恐怖至极！

史载："时民间无积聚，贼掠人为粮，生投于碓，并骨食之，号给粮之处曰'春磨寨'。"

黄巢几十万大军，"日食数千人"，周围的人吃光后，就把魔爪伸得更远，"纵兵四掠，自河南、许、唐、邓、昱、郑、汴、曹、徐等数十州，咸被其毒"。

上述州府的将帅全被几十万的吃人恶魔吓得心胆俱碎，有多远躲多远，只有陈州赵犫还在坚持着，不屈不挠，与黄巢贼军相持了三百多天。

这三百多天里，到底有多少无辜百姓被贼军做成人肉料理吃进肚子里去，已经无法统计了，黄巢这个丧心病狂的吃人恶魔终于招致人神共愤，提前迎来了死亡的日子。

本来，唐政府刚刚收复长安时，盟军各将领都在忙着论功行赏、坐地分赃，无心他顾，这就给黄巢提供了一个转移部队、另辟战场的绝好先机。如果这个机会把握得好，黄巢的造反事业依然前途无限。须知，早期黄巢的造反事业能做强做大，很大程度上就依赖其机动灵活的游击战和运动战。

可是孟楷的死让黄巢停下了转移的脚步，几十万人停顿在陈州城下，其最后的结局只能是自取灭亡。

陈州城里的赵犫在黄巢的日夜强攻下，毫无惧色，沉着应对，将黄巢的攻势一一化解。他足足坚守了十个月有余，其忠义程度及其悲壮的色彩均堪比安史之乱时的睢州张巡。

公元 883 年十二月，赵犫终于迎来了等待中的援军。

宣武军节度使朱全忠、感化军（治今江苏徐州）节度使时溥、忠武军（治许州，即今河南许昌）节度使周岌先后赶来救场子。

朱全忠的宣武军出手不凡，从南面进入鹿邑（今河南鹿邑）后，便大败齐军，收割了二千多颗首级，然后挺进亳州（今安徽亳县）。

此时朱全忠的身份不但是宣武军节度使，同时还是东北面都招讨使，负有征剿贼军的主要责任，而且，所治汴州（今河南开封市）离陈州不远，一旦陈州失守，汴州就难以幸免，所以打起仗来一点也不含糊。

三镇"首脑"碰头会晤后，觉得自己的人数还远远不足以与齐军相抗，于是一起写联名信向河东节度使李克用求救。

这时的李克用刚刚完成了从战犯到功臣的蜕变，热血沸腾，激情澎湃，斗志昂扬，有理想，有抱负，一心报国。

李克用接到信，二话不说，点起五万胡汉劲卒，经潞州（今山西长治）、泽州（今山西晋城），过河中（今山西永济），走洛阳、汝州（今河南临汝），风风火火就赶来了。

公元884年二月，四镇兵马合兵一处，气势大盛。

三月，朱全忠率军攻克黄巢的瓦子寨，大获全胜，斩获贼军数万。

接着，联军分头出击，与齐军大大小小激战了四十余场，所战皆捷。

四月，联军南进太康（今河南太康，陈州北百里），大破伪齐宰相尚让的营寨，斩获数以万计，溃乱中尚让抱头向北鼠蹿。

紧接着，联军乘势杀至陈州西北方的西华（今河南西华），驻守该营寨的齐军守将正是黄巢的弟弟黄邺。尚让营寨被拔之时，黄邺军心已经不稳，看着联军杀来，立马溃散。联军紧追不舍，兵锋直掠陈州城下黄巢所建的"八仙营"。

陈州内守军得讯，大为振奋，抄起家伙杀出城来，里应外合，纵火焚烧。

黄巢腹背受敌，招架不住，只得传令撤围，退走故阳里。

五月初三，"大雨震电，川溪皆暴溢"，平地水深数尺，几可齐腰，齐军营寨全被大水漂冲毁坏，无法屯驻，黄巢决定离开陈州地界，全军开往汴州。

朱全忠听到这个消息后，赶紧向李克用呼救。

李克用正在陈州西北部的许州休整部队，听到朱全忠的呼救，脑子一热，以解天下之困为己任，马上纠合了时溥一起发兵。

五月八日，李克用在中牟（今河南开封西部）附近的运河渡口王满渡追上了黄巢，乘贼军半渡而击之，击杀一万多人，"贼众溃"。

这一战，黄巢手下多名大将被迫投降，其中宰相尚让也向时溥投降。

黄巢侥幸逃出生天，带着残部继续向北仓皇逃窜。

本着"杀贼须彻，除恶务尽"的实干精神，李克用穷追不舍，率轻骑兵过胙城（今河南延津东北）、匡城（今河南长垣西），追追打打，一昼夜狂奔二百多里，直把黄巢赶回了他的老家冤句（今山东曹县），沿路俘虏了黄巢的幼子和大齐政权的乘舆、器具、服装、符节和印章，并收得黄巢以前掠抢的男女百姓有一万多人，一一将他们悉数遣散。

到了冤句，李克用才发现，因为追得太急，自己的大队人马被甩到了后面，身边只剩下几百人，而且人乏马疲，粮草耗尽！

李克用无奈，带领着手下的人马返回汴州补充粮草。

黄巢跑啊跑，跑到了瑕丘（今山东兖州境内），惊魂甫定，发觉李克用这个索命判官没有再追上来，才松了口气。突然，斜刺里杀出一支队伍，为首大将威风凛凛，正是自己曾经的手下——大齐宰相尚让！

尚让新降在时溥麾下，正是急于表现的时候，发现此时的黄巢手下不过百来人，又饥又渴，狼狈不堪，不由得大喜，挥军如下山猛虎一样杀上来。

这可把黄巢气坏了！

可是，生气归生气，生气解决不了问题，还是逃命要紧，看着尚让势大，黄巢不敢硬碰，慌不择路往荒山野岭狂奔而去。

尚让在后面掩杀过来，像斩瓜切菜一样，把黄巢身边仅余的百来人杀得丧失殆尽，只跑了黄巢及其兄弟妻儿加上控鹤军使林言等十来人。

时溥知道这个消息后，乐翻了，通告全军："生要见人，死要见尸，只要拿下黄巢，就是大功一件！"

于是，六月十五日，时溥感化大军倾巢出动，沿着黄巢逃遁的方向漫山遍野地搜索。

十七日，有一支沙陀博野军游弋到泰山东南的虎狼谷下时，发现谷口转出一人一马，行迹诡异，其人披头散发，浑身污血，上身赤裸，腰间团团地围了十几颗血淋淋的头颅，还没近，血腥气味扑鼻而来，令人闻之欲呕。

博野军的军头走近一看，这人竟是黄巢的手下大将林言。

那人坦言，自己的确就是黄巢的外甥林言，腰间挂的就是舅父黄巢、黄存、黄邺、黄揆、黄钦还有舅妈、表弟等人的头颅，说是趁他们在山地找吃的时，逐个斩下来，准备献给政府的。

这伙沙陀人乐坏了，围了上来，七下八下地朝他挥刀，很快就大卸八块，保留了完整的脑袋，连同原先那十几颗，一并提往徐州向时溥请功。

 ## 此人将女儿许配给枭雄，得到的报答方式出人意料

话说，唐末乱世，宋州（今河南商丘）下邑出了两个枭雄。

这两个枭雄是堂兄弟，堂兄名叫朱瑄，堂弟名叫朱瑾。

先发达的是堂兄朱瑄。

朱瑄最初跟人家去贩私盐，为了逃避官府捕杀，逃到青州（今山东青州），在平卢节度使王敬武手下为牙卒。

黄巢起义，兵入长安。

平卢节度使王敬武派三千牙兵入关勤王，朱瑄随军而行。

路经郓州（今山东东平），郓州的天平军节度使薛崇病死，郓州有部将趁机反叛。

黄巢势大，入关勤王基本是死路一条，郓州内乱，有利可图，何乐而不为？

这三千牙兵遂把勤王一事丢一边，乘城内人心未定，半路杀入，占据了郓州。

经过了一系列弱肉强食、巧取豪夺，朱瑄笑到了最后，成了郓州城内的胜利者，从一名普通牙卒摇身变成了天平军节度使。

堂弟朱瑾，"少倜傥，有大志"，听说堂兄在郓州发达了，特去投

奔，途经泰州，与泰宁节度使齐克让在路上相遇。

齐克让慧眼识枭雄，一见此人仪表不凡、不怒自威，"壮之，心爱其人"，诚邀他到自己府上做客，并私下里询问他："我有一个宝贝女儿，长得还算可以的，我有意招你做上门女婿，不知你愿不愿意？"

这个事对朱瑾来说，不亚于天上掉馅饼！

"我愿意！我愿意！"朱瑾想都不用想，立即答应了齐老爷子。

一个月后，齐克让按照约定日子，派出了迎亲队伍，吹吹打打前来郓州迎娶上门女婿。

朱瑾喜上眉梢，"盛饰车服"，欣然前往。

婚宴办得非常隆重，贺客如云，办了好几十桌。

齐克让由衷地高兴，手不停盏，一杯接一杯地喝，不多一会就醉了。

半夜时分，朱瑾悄悄从洞房里潜出来，招呼同来的随从，张弓露刃，蓦然发难，闯入了齐克让的卧室，将他从睡梦中生擒，自称泰宁军留后。

不久，唐廷承认了既成事实，朱瑾正式做了泰宁节度使。

朱瑄、朱瑾这对流氓兄弟，用流氓的手段，竟在乱世之中占据了一块颇为可观的地盘，联手一起，共有郓、济、曹、濮、兖、海、沂、密八州，兵强马壮，称霸一方。

 ## 闹市侠隐把藩镇节度使夹在腋下飞檐走壁

唐朝诸多制度中，藩镇制度向来饱受诟病。

的确，藩镇各自为政，强枝弱干，最终尾大不掉，脱离了中央的操控，为所欲为，国家遂分裂为数十个没有国家之名却有国家之实的"小国"。

唐朝末年的情形，大致和春秋战国时差不多，天下藩镇名义上遵奉朝廷，不过如春秋战国时各诸侯遵奉周天子一样，听封不听调，各行其是。

而各藩镇经过互相搏杀和吞并，势力最强者当属河东李克用和宣武军朱温两镇。

云中、成德和卢龙是黄河以北的三大军镇，一直以来都义结同盟，同气连枝。

李克用以一镇对三镇，毫无惧色，先取云州，大败三镇联军，把云中节度使赫连铎打得家破人亡，亡命于江湖。

转而，李克用又进取成德军治所镇州（今河北省正定）。

成德军节度使王镕不过一个十七岁的少年，慌了手脚，赶紧向盟友卢龙军节度使李匡威求援。

李匡威接到信后，不敢怠慢，亲提四万幽州劲卒马不停蹄直下镇州。

在镇州九门县新市一战中，李克用因为轻敌，招致大败，率众退去。

王镕长舒了一口气，用十万金帛慰劳李匡威。

李匡威欢乐无限地挥军回家。然而，大军刚刚到达博野，有消息传来，他的亲弟弟李匡筹已经占据了幽州，自封为幽州留后。

李匡威当时就懵了，感觉如五雷轰顶，这是怎么了？

还没等他回过神来，李匡筹已派人以节度使司的符节来追缴李匡威行营的军队。

李匡威手下的兵马接到命令后，一哄而散，大部分回了幽州，只剩下小部分亲兵和他一起留在深州（今河北省深州市），进退失据。

李匡威被弟弟这一手绝后计整得很被动，破口痛骂弟弟禽兽不如。

深州的李正抱对李匡威的遭遇深表同情，跟着李匡威一起痛骂李匡筹，建议李匡威赶快轻骑返回幽州，向李匡筹讨回符节。

可是李匡威一张大脸却涨成了猪肝色，神色忸怩，表现得极不自然。

李正抱不明就里，以为他顾念兄弟之情，不便撕破脸面，就进劝道，李匡筹做得初一，你就做得十五，他不仁在先，你即便不义，天下也没人说你不是。

李匡威支支吾吾，顾左右而言他，他说，既然弟弟坚持要做幽州节度使，那就随他做好了，自己准备遣使向朝廷上奏，请求回京师长安。

李匡威的表现严重与其性格不符。

李匡威少年时好勇斗狠，曾用头撞死人，人称金头大王，恶名远扬四海。幽燕渔阳之士都非常忌惮他。

李匡威的回京申请报告上送到长安后，京师百姓闻之色变，坊市大恐，混乱不堪，纷纷惊叫道："金头王来图社稷矣。"视之如洪水猛兽，窜匿山谷。

人还没来，造成的恐慌程度这么大，朝廷当然不会理睬李匡威的请求。

于是，李匡威就成了一条天不收地不理的丧家狗。

在深州一个多月的时间里，李抱正也慢慢弄清楚了李匡威不敢回幽州的原因。

原来，李匡威、李匡筹兄弟之间有一段见不得人的恩怨情仇。

李匡筹新娶的媳妇非常漂亮，李匡威竟"悦其弟匡筹之妇美而淫之"，故此"内惭不敢还"。

原来禽兽不如的人是他！李抱正恍然大悟，觉得和这种人相处实在是潜在的威胁，于是下了逐客令。

镇州的王镕知道了李匡威有家不能回的状况，觉得李匡威之所以丢失幽州，也有自己的一部分原因，就勇敢地负起责任来，派人来迎李匡威回镇州，先安排他在宝寿佛寺住宿，后又在梅子园为他建造了府第，"以父礼事之"。

李匡威在镇州安顿下来后，宾至如归，也不拿自己当外人看，帮助王镕修茸城堑，完善甲兵，视之如子，安之若素。

日子一久，王镕手下有人觉得有些不对劲，偷偷向王镕提醒说："李匡威性情倨傲残暴，现在客居镇州，俨然以主人自居，主公请多加留意，提防其有鸠占鹊巢之心。"

王镕不以为然地笑道："你们不要太过多虑，你想想，咱们镇州差一点儿就被李克用灭了，全仗李匡威帮助，才有今日，咱们怎么可以忘恩负义呢？"

可是，人无伤虎意，虎有害人心。

李匡威本来就是一个极其不安分的人，在镇州住的时间一长，就静极生动了。

王镕小小年纪，身体瘦弱，却镇守着偌大的一个藩镇，情形就好像一个几岁的小孩童在守着一个金库，而这个金库似乎又没有任何保护措施，诱惑力非常大。

李匡威无法抗拒这种诱惑，想要把这个金库占为己有。

开始时，李匡威暗中给王镕军中的将士施些小恩小惠，想收买人心。可是王镕家族在镇州统治已近百年，在唐末乱世中，镇州成了最为安宁的一方净土，深得镇州人爱戴，并不为李匡威所动。

一计不成，又生一计。

这日，李匡威忽悠王镕，说明天是自己父亲的忌日，要在寓所设奠，邀请他前来吊唁，准备在灵堂前将他处死。

王镕哪里知李匡威狼子野心？按照亲友的礼节应邀而来。

李匡威外罩丧服内着盔甲，在灵堂周围埋伏甲士，约好摔茶杯为号，等茶杯一响，甲士马上一拥而上，把王镕拿下。

王镕进来后，感觉到有一股阴气，不，应该是杀气，扑面而来，又见李匡威举着茶杯，情知不妙，急中生智，奔到李匡威的面前一把抢过茶杯，抱着他说："李叔，我王镕被李克用围困，几乎就要灭亡了，幸亏你出手相救，本来我也觉得自己年幼体弱，守不住这个藩镇，早就想把它转让给你管理了。不如你跟我一起回我家，我把信印全部交给你，那样，镇州的将士就不会有异议了。"

"是这样的吗？"想不到王镕竟然这么机灵懂事，李匡威又惊又喜，招呼帐下埋伏的甲士，说："你们都出来吧。"于是灵堂里一下子拥出了黑压压的百十人，王镕惊出了一身冷汗，暗暗庆幸自己见机得快，不然，早成刀下断头鬼了。

这一帮人劫持着王镕一起回王家的节度使司。

路上，天灰沉沉的，阴风四起。

沿途的百姓看着大刀长枪架着王镕行过，个个目瞪口呆，心都提到嗓子眼上了，唉，镇州大帅被劫，镇州恐怕不得安宁了！

转眼黑云翻涌，天穹如墨，一场狂风暴雨就要来了！

李匡威的心里没有丝毫紧张，他觉得，自己现在拿下镇州，就跟十只手指抓田螺一样，十拿九稳，心中一阵阵狂喜，环视左右，顾盼自雄，心里还一个劲儿地想，得到镇州后，就可以和兄弟李匡筹在幽州互相呼应，继而联手进取天下了。

一行人进入镇州城的东偏门时，突然一声炸雷，"屋瓦皆震"，众人吓了一大跳，胯下马匹奋蹄扬头，咴咴长啸。

突然一个黑影从墙头飞跃而下，如神兵天降，一拳击翻劫持王镕的幽州甲士，把王镕从马背上拽下，夹在腋间，"负之登屋"，逾垣而走。

李匡威还没看清楚，那个黑影已经消失得无影无踪，跟着倾盆大雨哗哗下了起来。

后面不知什么时候跟来了一大帮镇州牙兵，一见王镕已脱离魔爪，立刻齐声呼喝，冲了上来，将李匡威团团围定，刀剑枪戟一齐招呼，很快将他斩杀，"并其族党"。

王镕被人挟住后，动弹不得，在那人飞檐走壁蹿高伏低之际，只听见耳边呼呼风响，眼睛和嘴巴被瓢泼大雨淋得难以张开。等过了好大一会儿，那人才在一个屋檐下停下了脚步，把他放了下来。

王镕惊惧中喝问了一句："你是什么人？"

"砚中之物。"那人声音不大，只说了四个字。

听了这四个字，王镕马上疑惧尽消，满心欢喜地叫道："是你！"

原来，这个人姓墨，名叫墨君和。

墨君和是真定人氏，小时候的乳名叫"三旺"。世代贫寒，以杀猪为业。墨君和十五六岁的时候，就生得"眉目棱岸，肌肤若铁"。王镕刚刚继位那会儿，在集市上见到，就惊叫起来："此中何得昆仑儿也？"

昆仑儿，本来泛指亚非洲地域的黑色人种，但自从同时代裴铏的传奇小说《昆仑奴》问世后，大家都不约而同地把这个称呼用来特指那个"持匕首飞出高垣，瞥若翅翎，疾同鹰隼，攒矢如雨，莫能中之，顷刻之间，不知所向"的黑人大侠摩勒。

王镕称小三旺昆仑儿，是对小三旺的赞叹。等到他知道小三旺除了长得黑如墨外，本人姓的也是墨，就更加惊奇了，给他送了一个雅号"墨昆仑"，再赠送了几套黑色的衣服。

想不到，今天竟然得他相救。

第二天，王镕召见墨君和，赏千金，兼赐良田万亩，恕其十死，奏授光禄大夫。

不过，王镕身体瘦弱，被墨君和挟着飞檐走壁，"颈痛头偏者累日"，不胜其苦。

蠢人罗昌率先称帝，结果闹出了笑话

残唐五代时的越州（今浙江绍兴）节度使董昌是个很愚昧的人，史书用三个字概括他一生为人——"昌素愚"。

史载其："不能决事，临民讼，以骰子掷之，而胜者为直。"

因为智商太低，没有管理能力，境内发生了民事纠纷后，他不问来龙去脉，不分青红皂白，一律取出赌博用的骰子，由甲乙双方掷骰，点数大的胜诉，点数小的败诉，听天由命，愿赌服输，败诉者一概诛戮。到后来，还把这种方法用在任用和提拔官吏上，通过掷骰子视点数大小安排工作。

董昌在越州横征暴敛，增加了许多莫名其妙的杂税，使得税额翻了好几番。在向朝廷进贡赋税和各种财物的节度使之中，董昌名列第一。

除了向朝廷进贡外，董昌还很注意结交朝中官员，送钱送物，出手阔绰，上下打点，不遗余力。相关史料显示，一年三百六十五天，平均每十天董昌就向京师上贡品一纲，非常勤快。（每纲含一万两黄金，五千锭白银，一万五千匹绸缎。）

为了送这些物资，董昌动用了大量的人力资源，每次安排五百名士兵押送，从越州到京师的行程通常得十多天，第一拨士兵还没回来，第二拨士兵就出发了，道路上来来往往，全是干这种事的人。这些士兵的命很苦，劳碌奔波不说，遇上了狂风暴雨、洪水雪灾耽误了行程，董昌还要大发淫威，将他们全部处死。

唐末乱世，"天下贡输不入"，在其他藩镇都不怎么拿朝廷当回事的情况下，"独昌赋外献常参倍"，董昌表演得一枝独秀，异军突起。

唐昭宗李晔因此认为董昌忠诚可嘉，表彰不断，董昌的官职也因此一路飙升，由司徒、同平章事，最后竟然获得了陇西郡王的爵位。

董昌除了蠢之外，还非常凶残。越州百姓偶有小过错，董昌马上大刑伺候，笞挞上千；如若触犯了法律，轻则砍头，重则诛灭全族。

有一次，犯人的家族很庞大，从三大姑四大姨开始算起，一来二去，牵扯出了五千多人来。董昌感觉到要砍完这五千人有些累，就指着他们说："如果你们能孝顺我，就让你们的脑袋寄存在脖子上。"这些人为免一死，全都跪地求饶。

董昌觉得空口无凭，必须立字为据。可是这字写在哪儿才不容易丢失呢？董昌眼珠子一转，有了，刻在这些人的手臂上。

结果，这些人手臂上全被董昌刻上了"感恩"字样，并被编成军队，称为"感恩都"。

刻字的时候，这些人想着自己沦落为奴，一个个都忍不住嚎啕大哭。

董昌还在越州替自己建造生祠，"刳香木为躯，内金玉纳素为肺腑，冕而坐，妻媵侍别帐，百倡鼓吹于前，属兵列护门"。强令民间百姓，所有诸如祈福求神一类的活动都必须在他的生祠进行。

董昌还"托神以诡众"，对外人说："凡是有人到我的生祠祭拜，我在家里一定会醉倒。"

有一个外地人背后议论说："我进了董昌的生祠游览，里面也不过是些土偶人，并无灵异之处。"

董昌知道后，大怒，将那人拿下，在祠前活活肢解。

公元893年九月，董昌看到朝廷任命自己的部下钱镠为镇海军节度使兼浙江西道观察处置军使，还加同中书门下平章事，就眼热了，对自己的职位也不满意了，觉得钱镠是他的下级官员，钱镠既然升官了，自己也应该水涨船高，于是向朝廷请求任命他为越王。朝廷哪能按他这样的逻辑来办事？一口拒绝了。

董昌愤慨地说："朝廷太不够意思了，我一向大方进贡赋税，朝廷却吝惜得连一个小小的越王也不肯给，好，你不给，我自己取！"

他手下一些善于察言观色的人便试探着说："要我说，越王也不要做了，要做就做越帝！"见董昌欣然露出神往之色，于是就顺着架子向上爬，不断撺掇他称帝。事件发展到后来，举县若狂，许多好事之徒挤在董昌的府门前大喊口号，坚决拥护董昌闹独立。

看见大家热情高涨，董昌欢天喜地，派人出去答谢说："谢谢大家，谢谢，谢谢，这个越帝我是当定了，你们等着看，只要时机到了，我一定不辜负大家的厚爱，登上帝位。"

董昌这话一放出，那些有志于搞政治投资的人士纷纷进献各种各样诸如龟鱼符印之类的祥瑞吉物，"日以百数"，热闹非凡。

董昌根据各种物品的分量，明码标价，一一派赏。

事件发生的最高潮是一位自称"山阴老人"的人向董昌献上一首谶谣，里面有两句："欲知天子名，日从日上生。""山阴老人"非常煽情地说："'日'字上面再生个'日'字，不就是'昌'？'欲知天子名，日从日上生'，天子就是你了！"董昌又惊又喜，给山阴老人"赐百缣，免税征"，庄重地发表宣言：不当越帝誓不为人。

其实，董昌这时不过是一个地方小军阀，势力和同时代的朱全忠、李克用等人相比，差远了去，竟然不自量力要称帝，把自己推上风口浪尖，真是愚不可及。

董昌称帝的心情越来越迫切，不日，命方士筑坛祭天，自欺欺人地谎称天符夜降。

董昌对别人言之凿凿地说，天符上有警句"兔上金床"。是什么意思呢？我董昌是属兔的，明年是兔年，我当得帝位。

这时又有一个名叫倪德儒的好事之徒在董昌这壶就要烧沸的水上加了一把火，说："《越中秘记》记载有一种叫罗平的鸟，长四只眼睛三条腿，掌控着越州的祸福。现在，这罗平鸟频频在吴、越境内出现，嘴里不停地鸣叫'罗平''天册'，谁要向它跪拜谁就有好运。"还说，"今大王署名，文与鸟类。"——说董昌的签名，跟那个鸟似的。说完，"因出图以示昌"，从怀里拿出画有"罗平鸟"的图谱给董昌看。董昌看了，简直乐翻了，就决定以"罗平"为国号。

等到董昌把称帝一事正式提上议程的时候，会稽令吴镣劝谏说："你应该以真诸侯传子孙，不应以假天子而自毙。"董昌大怒，"族诛之"。

山阴令张遂说："浙东虽然领有六州之地，但不见得这六州人民都会跟随你胡搞乱搞，你如果一意孤行，别到时候死无葬身之地。"董昌大为震怒，命人也将他杀了。

越州节度副使黄碣则说："人心不足蛇吞象，你不过从一个庄稼汉发迹，能有今天，全是朝廷的栽培。你现在位至将相，爵至郡王，不思回馈报答，反生灭族之计，我替你担忧啊。"

董昌暴跳如雷，喝道："替我担忧？还是先替你自己想想吧！"命人将黄碣斩杀。第二天，觉得还不解气，又命人把黄碣的脑袋丢入粪坑里沤粪，口中愤愤不已地骂道："这混账东西真是不知好歹！"

……

通过这样一番血洗后，董昌终于成功地把自己不愿意听到的声音堵住了。

不久，董昌正式称帝，国号大越罗平，建元"顺天"，自称"圣人"。

董昌还命人用白银铸了一方大印，上面刻"顺天治国之印"六个大字。不过，这方印董昌轻易是不用的。他所颁布的诏书，全部用笔亲自签名，写得狂龙癫凤，谁也看不懂。董昌的说法是："不亲自签名，天下子民怎么知道当今皇帝的名字叫董昌？别人又怎么知道我写得一手鸟字？"

接着，董昌大封了一大帮阿猫阿狗为大罗平国的宰相、学士、将军。

得意忘形的董昌还傻乎乎地给钱镠送去书信，说自己已经是大罗平国的皇帝了，要封他为两浙都指挥使。

钱镠早就觊觎越州了，收到董昌的书信后，知道讨伐董昌的机会来了，发动了旨在吞并董昌的讨越战争。

董昌慌了手脚，仓促备战。

在备战的时候，"候人言外师强，辄斩以徇；给告镠兵老，皆赏"，董昌一旦听到侦察兵说钱镠的队伍强大，就骂他扰乱军心，将他斩首；一旦说钱镠的队伍全是些老弱残兵，就给他发赏金。

公元896年正月，钱镠军一路势如破竹，直逼越州城下。

董昌有个侄子，名叫董真，很有些军事才能，看到钱镠兵临城下，为了董家家族的生存，挺身而出，整军坚守，有他在，钱镠攻打越州，竟"逾年不能克"。

可惜已经号称天下第一蠢人的董昌还害怕别人把他这个"天下第一"的头衔抢了去，为了使自己蠢得更加彻底、更加死心塌地，又听信了身边小人的谗言，自毁长城，以"谋反"罪把董真杀了，这样，越州城终于可以提前失陷了。

钱镠派人哄董昌，说："我已收到了皇上发来的诏书，皇上的意思是可以免除你的死罪，只要你愿意来杭州养老，我一定尽心相待。"

董昌还幻想自己到了杭州后可以享受离休待遇，于是便从了钱镠。

没想到，到了一个叫西江的地方，钱镠命人将他斩杀，投尸于江，传首京师。

接着，钱镠又尽诛其族，将"大罗平国"的宰相、学士、大将军全部斩首。

让钱镠比较吃惊的是，董昌在越州城被围时，居然还克扣士兵卖血卖命的工钱，并以加强城防为名暴敛城中百姓。城破时，仓有积粮三百万斛，库有金帛五百余帑。

可悲，可叹，也可怜！

可怜董昌忙碌了半生搜括起来的全部家产悉数被钱镠笑纳。

流氓朱温幼时偷盗，长大篡国

说起流氓皇帝，一般人都会想到汉高祖刘邦。

可不？借太史公的一支妙笔，刘邦的流氓形象在《史记》中活灵活现，当皇帝前喜欢吹牛、耍赖、酗酒、闹事；和项羽打仗，喜欢阴一套阳一套，三刀两面，耍奸弄滑，无耻赖皮；当了皇帝，对大臣那是阴险沉猜，神威莫测，对你好，就把你捧上天，对你不好，就立马翻脸不认人，或烹或煮，杀你没商量。

不过，大体上来说，刘邦在打仗、治国的大方向上都没跑偏，品格上虽有小缺陷，但行事却也算是大丈夫行径。

真正的流氓皇帝，历史上不算少，而最突出的当属五代后梁太祖朱温。

论功业，朱温不及刘邦的十分之一；但要论荒唐无耻、流氓无赖，朱温绝对百倍于刘邦。

太史公死得早，不知道朱温那些事。欧阳修写《五代史记》，越写越来气，一腔怒火没控制住，把笔一扔，破口大骂说："呜呼！天下之恶梁久矣！"

和刘邦一样，朱温出身很低。父亲是个读书人，却死得早；母亲给地主刘崇做帮佣。

朱温没受什么教育，自小偷鸡摸狗，甚至偷到了刘崇的家里。某次，竟背着刘崇家的大铁锅去集市卖。刘崇知道了，把他绑起来打了个半死。

这件事影响很大，周围群众都叫朱温"背锅贼"。

朱温一怒之下，投入了黄巢起义军。

黄巢势力最大那会儿，攻入了唐都城长安，建立了"大齐"政权。

朱温也紧随着鸡犬升天地担任了"大齐"政权的同州（今陕西大荔）防御使。

不过，黄巢起义军长期流动作战，没有属于自己的根据地，不事生产，军队经济来源全靠抢，性质上就是流寇，肯定得不到民心。

最重要的是，唐朝最高统治者唐僖宗还在，唐朝各藩镇的势力还很强大，这就为黄巢的覆灭埋下了巨大隐患。

果然，当唐朝各藩镇势力集结在一起，黄巢就顶不住了，故伎重施，窜出长安，流动作战。

善于投机的朱温见风使舵，背叛了黄巢，投入了唐朝阵营，得唐僖宗诏任为左金吾大将军、河中行营招讨副使，并赐名"朱全忠"。

流氓成性的朱温一旦决定了要做某件事，就会不择手段地干到底、干到绝。

他背叛了黄巢，就狠命地反噬黄巢，汇合了当时天下最彪悍的"鸦儿军"拼命追剿黄巢。

"鸦儿军"的首领是沙陀英雄、河东节度使李克用。

朱温借李克用的手消灭了黄巢后，认为李克用会威胁到自己将来的发展，就使毒计把李克用集团的上上下下将士骗到自己的地盘喝酒。晚上，纵火焚烧，想一把火把李克用集团烧成灰。

这一把大火，虽然没烧死李克用，但李克用集团也元气大伤，很长时间无力与朱温集团争锋。

所谓世无英雄，遂令竖子成名。

依仗流氓手段，朱温不断发展自己的势力，于唐天佑四年（公元907年）四月逼迫唐朝最后一任皇帝唐昭宗禅位给自己，即皇帝位，更名为朱晃，改元开平，国号大梁。

当上了皇帝的朱温，年纪也老了，快六十岁了，厌倦了打打杀杀的日子，就把开疆拓土的重任交付给几个儿子，自己专事宣淫。

史书上记，朱温经常到大臣家做客，由大臣家眷侍寝，乐不思蜀，流连忘返。

更奇葩的是，朱温的儿子们对父亲的乱伦，竟然全力支持，纷纷派出妻子争宠，博取欢心，争夺储位。

其中，养子"朱友文妇王氏色美，帝（朱温）尤宠之，虽未以友文为太子，帝意常属之"。

朱温病重时，有意召朱友文回来托付后事。其亲子"友珪妇亦朝夕侍帝侧，知之，密告友珪曰：'大家（指朱温）以传国宝付王氏怀往东都，吾属死无日矣！'"

朱友珪于是当机立断，发动宫廷政变，杀入皇宫，顺利处死了朱温。

 ## 朱温从未对唐朝尽过忠，为何得赐名朱全忠？

古代帝王或为了显示恩宠，或为了笼络羁縻外藩，或为了褒奖有功之臣，或为了安抚降将，常有赐姓、赐名，或姓名一起赐的做法。

这一做法，在唐朝尤其突出。

其中单单赐姓的，如唐初相继来降的徐世勣、罗艺、刘孝真、杜伏威、高开道、胡大恩等；既赐姓又赐名的，有中唐率众内附的突厥首领阿布思先（赐姓名曰李献忠）、原安禄山旧将董秦（赐姓名李忠臣）、北庭节度使曹令忠（赐姓名李元忠）等；单单得赐名的，有在安史之乱中袭杀伪署平卢军节度使吕知晦的刘客奴（得赐名正臣）、起兵叛乱后又归朝的泸州刺史杨子琳（赐名猷）、请归于朝的魏博节度使田兴（赐名弘正）等。

朱温属于第三种，得"赐名全忠"。

光得赐名不得赐姓，意义上的差别巨大。

稍微想一下，也很容易理解。

被赐姓者，其本人及整个家族都可以世世代代地沿用被赐之姓；而光得赐名者，受益的只是当事人一人而已，并不具备传衍性。

话说回来，朱温为什么得赐名呢？

唐朝赐名赐姓最多的时期就是安史之乱期间和唐末，而唐末就是借鉴安史之乱因赐名赐姓而获得浴火重生的奇效，所以遍赐各地藩镇以及来降叛将，毫不吝惜。

朱温得赐名的经过详见《旧五代史·梁太祖本纪》："（朱温）举郡降于重荣，重荣即日飞章上奏。时僖宗在蜀，览表而喜曰：'是天赐予也！'乃诏授帝左金吾卫大将军，充河中行营副招讨使。仍赐名'全忠'。"

当时，朱温是黄巢任命的同州防御使，遭到了唐河中节度使王重荣与其他藩镇的围攻，在多次向黄巢求援无果、粮草殆尽的情况下，深感难以支撑，毅然举兵投降了王重荣。

朱温是黄巢手下得力大将，他这一降，树立了改邪归正的榜样，带来了名人投降的效应。唐僖宗已经是成年人了，这个道理，不可能不懂，为了鼓励其他尚在观望的黄巢将佐，也就在朱温尚未为大唐尽忠的情况下，赐其名"全忠"，是希望他以后全心全力效忠于大唐，并授予其左金吾卫大将军的官职，担任河中行营副招讨使。

补一笔，原诸葛爽部将张言治理洛阳有板有眼，卓有成效，后来唐昭宗也赐其名为"全义"。

这张全义后来成了朱全忠的臣子，助朱全忠篡夺了大唐的江山。

所谓全忠不忠、全义不义是也。